A PRODUTIVIDADE

Universidade hoje

Apresentação de Machado de Assis — *I. Teixeira*
A literatura hispano-americana — *J. Joset*
A civilização helenística — *P. Petit*
A literatura grega — *F. Robert*
A religião grega — *F. Robert*
A psicologia social — *J. Maisonneuve*
O inconsciente — *J.-C. Filloux*
A crítica literária — *P. Brunel, D. Madelénat, J.-M. Gliksohn* e *D. Co*
Sociologia do direito — *H. Lévy-Bruhl*
As teorias da personalidade — *S. Clapier-Valladon*
Literatura brasileira — *L. Stegagno Picchio*
A crítica de arte — *A. Richard*
As primeiras civilizações do Mediterrâneo — *J. Gabriel-Leroux*
A economia dos Estados Unidos — *P. George*
A idéia de cultura — *V. Hell*
História da educação — *R. Gal*
História dos Estados Unidos — *R. Rémond*
As empresas japonesas — *Masaru Yoshimori*
Os celtas — *V. Kruta*
Epistemologia Genética — *J. Piaget*
Descartes — *G. Pascal*
A produtividade — *J. Fourastié*

Em preparação

Aristóteles — *L. Millet*
História da imprensa — *P. Albert e F. Terrou*

Universidade hoje

A PRODUTIVIDADE

Jean Fourastié

Martins Fontes

Título original: LA PRODUCTIVITÉ
Publicado por Presses Universitaires de France,
na coleção Que Sais-Je?

1ª edição brasileira: julho de 1990

Tradução: Edison Darci Heldt
Revisão da tradução: Vanda Frias Pinto
Revisão tipográfica: Maurício B. Leal

Produção gráfica: Geraldo Alves
Composição: Marcos de Oliveira Martins
Arte-final: Moacir K. Matsusaki

Capa — Projeto: MF
Arte-final: Moacir K. Matsusaki

Índice

Índice

Introdução

A palavra "produtividade", que até cerca de 1949 praticamente não era empregada e era conhecida apenas pelos especialistas, tornou-se uma palavra comum, utilizada não só pelos técnicos, engenheiros, dirigentes de empresa, sindicalistas, como pelos políticos, economistas, sociólogos.

Essa condição não a livra de confusão e polêmica. No plano da terminologia — embora Littré já tenha, há setenta anos, definido a produtividade como *a faculdade* de produzir — ainda são numerosos os que confundem produtividade e produção. No plano político, grande parte da classe operária tendeu a confundir o esforço empreendido para aumentar a produtividade com propagandas políticas de inspiração estrangeira ou patronal. Inversamente, certos dirigentes de empresa tendem a fazer da produtividade o catecismo dos deveres do assalariado dócil.

Na realidade, a noção de produtividade é uma noção científica e o fato de que ela possa ser utilizada com o intuito de defender interesses particulares só modifica esse caráter para os ingênuos e os enganados.

A noção de produtividade não tem pátria nem cor política. Impôs-se nas nações as mais opostas no plano da ideologia social. Na União Soviética, os trabalhos preliminares e os textos oficiais que acompanham o primeiro plano qüinqüenal de 1930 dão-lhe um amplo espaço e publicam toda uma série de estatísticas que mostram sua importância social. Desde então, a noção de produtividade e os esforços para o aumento da produtividade nunca deixaram de estar no primeiro plano das preocupações econômicas e sociais das democracias populares.

O Bureau of Labor, do Departamento Americano do Trabalho, orgulha-se de haver calculado e publicado desde 1899 uma série de índices que permitem seguir a evolução da produtividade da indústria nos Estados Unidos. Desde 1935, trabalhos de medição e de análise da produtividade multiplicaram-se nesse país e foi a importância crescente atribuída a esse conceito que — após a segunda guerra mundial, por iniciativa de Claque e Silbermann — motivou a adoção do desenvolvimento da produtividade como prioridade na ajuda aos países atingidos pela guerra ou às nações insuficientemente desenvolvidas.

Assim, a noção de produtividade é atualmente admitida tanto pelas teorias econômicas marxistas como pelas liberais. O fato de ser adotada universalmente é um critério da verdade científica. Assim, a produtividade aparece como o fundamento mais sólido das novas ciências sociais.

De fato, a introdução da noção de produtividade na ciência econômica é bem recente; ela só se impôs progressivamente depois de uma longa evolução, cuja origem remonta a aproximadamente um século. De fato, foi por volta de 1850 que começou a surgir a idéia de que a revolução industrial — visível no mundo civilizado a partir de 1830 — se tornaria um fator essencial da vida econômica e transformaria as condições da vida social. Começou a nascer a idéia de que não poderia haver ciência econômica válida, para os tempos atuais, sem um estudo aprofundado do progresso técnico e de seus efeitos sobre o trabalho e a produção. Karl Marx também empregou várias vezes a palavra produtividade, quase sempre associada à noção de divisão do trabalho. O conjunto de sua obra marca uma etapa do pensamento econômico contemporâneo, sugerindo a idéia de que o progresso técnico é o elemento motor da evolução econômica.

No entanto, a noção de progresso técnico ainda continuou durante meio século, pouco precisa e pouco utilizada; foi apenas no fim do século que ela passou do domínio das apreciações qualitativas para o das medidas quantitativas. Essas medições foram, em primeiro lugar, realizadas por engenheiros com objetivo estritamente técnico; tratava-se de analisar os tempos e os movimentos do trabalho em série ou de trabalhos repetitivos na máquina. Embora alguns pioneiros tenham, desde então, pensado em medir os resultados globais do trabalho numa oficina, numa indústria ou mesmo numa nação, foram necessários cerca de cinqüenta anos para se passar da medições analíticas — ligadas aos trabalhos de Taylor e em seguida de Stakanov —

para medições globais com um sentido econômico. Foi apenas há alguns anos que a produtividade apareceu como algo essencial, ou seja, *como uma medição do progresso técnico*.

Podemos resumir em quatro etapas os princípios que formam a noção moderna de produtividade. Em primeiro lugar, foi preciso sublinhar as ligações do progresso técnico com o volume global da produção nacional e o nível de vida. Em seguida, apareceram as ligações do progresso técnico com o tempo de trabalho, com o ensino e com a elevação da idade escolar; enfim, com o fenômeno geral da repartição da população ativa. Através do exame desses fatos é que se modificaram profundamente os conceitos tradicionais relativos ao despovoamento do campo e ao papel econômico e social dos trabalhadores do setor terciário.

A terceira etapa foi a mais difícil de vencer; ela consistiu na conscientização quanto às irregularidades básicas que se manifestam na intensidade do progresso técnico alcançado nos diversos setores. De fato, tinha-se considerado até então o progresso técnico como um fenômeno global, que se aplicava a todos os setores da produção, a todos os setores da indústria; e inconscientemente generalizava-se para os setores agrícolas e comerciais. As primeiras análises das medições concretas da produtividade mostraram, pelo contrário, que o progresso técnico é muito variável de uma indústria a outra.

Assim, abordou-se o quarto princípio. É o da ação do progresso técnico sobre os preços e, portanto, sobre o poder de compra. De fato, ao longo da primeira etapa, percebeu-se bem os efeitos globais do progresso técnico sobre o poder de compra global dos assalariados e sobre o nível de vida médio do conjunto de uma nação; mas ainda não se percebera que o aumento do nível de vida e do poder de compra dos assalariados, longe de se efetuar de uma forma equilibrada para todos os bens de consumo, efetua-se, pelo contrário, de uma maneira profundamente irregular. Através da análise, descobriu-se que o aumento do poder de compra pode ser intenso para um bem de consumo sem que exista qualquer ganho para outro.

O apólogo do barbeiro e do espelho de 4 m^2 resume o essencial dessa descoberta ao mesmo tempo elementar e fundamental. De fato, o corte de cabelos é um exemplo simples de um consumo muito comum a cada um de nós e cuja "produção" exige o mesmo tempo há séculos, e em todos os países. Ora, ao comparar o preço do corte de cabelos com o salário médio do trabalhador braçal constata-se que, em todos os países e há longos séculos, a relação entre esses dois preços permanece mais ou menos constante; o preço do corte de cabelos está sempre próximo do salário-hora do trabalhador braçal na cidade ou no país considerado. Assim, não houve *qualquer melhora do poder de compra do salário para esse consumo*. Ao contrário, os espelhos baixaram de preço numa proporção considerável em relação ao salário. Para os espelhos de grandes dimensões (2 m x 2 m), o atual poder de compra do trabalhador braçal é *duzentas vezes mais elevado* do que sob Luís XIV.

Por que essa enorme diferença entre o espelho de 4 m^2 e o corte de cabelos? Que causa, agindo em um caso e não no outro, pode explicar essa diferença de 200 para 1 na evolução do poder de compra? É a esse problema, de importância científica e conseqüências sociais consideráveis, que está ligada a importância da noção de produtividade.

Assim, a produtividade é uma chave para o conhecimento econômico e social de nosso tempo. Permite-nos, ao mesmo tempo, compreender e agir. Ela concerne a todos os problemas importantes de nossa época: poder industrial e político das nações, equilíbrio econômico e social do mundo, nível de vida dos povos e poder de compra dos assalariados, tempo de serviço, média da vida humana, divisão profissional da população ativa, ensino, crises econômicas, desemprego, comércio exterior, fiscalidade, economia doméstica, urbanismo, organização do trabalho, relações profissionais... Podemos dizer, parafraseando uma célebre expressão, *nada daquilo que é humano lhe é estranho*.

PRIMEIRA PARTE

A PRODUTIVIDADE E A VIDA ECONÔMICA

Alguns dos fatos econômicos mais notáveis do mundo contemporâneo — como o despovoamento do campo, a diminuição da jornada semanal de trabalho, as crises econômicas e as de desemprego, a instabilidade dos preços e do nível de vida das classes trabalhadoras — eram até então considerados fenômenos independentes uns dos outros e, na maioria das vezes, dificilmente explicáveis. Eles aparecem agora como conseqüências mais ou menos diretas e automáticas de uma mesma causa: o progresso técnico. Aliás, essa causa não exclui outras, evidentemente; mas age com muita freqüência de maneira preponderante.

A produtividade é uma medição do progresso técnico. Quanto ao passado, essa medição permite considerar os fenômenos econômicos essenciais da história econômica de nossa época. Quanto ao futuro, é ainda mais importante apreendê-la: ela deve permitir que se oriente a evolução no sentido do bem-estar material e do equilíbrio intelectual do homem.

Os principais aspectos da evolução econômica contemporânea

Nota-se em todas as economias que se industrializam o mesmo movimento de abandono do campo. Esse fenômeno — registrado mais facilmente na França, na medida em que é visível, considerando-se a estrutura econômica francesa — manifestou-se em todos os países. Até 1800, em todas as nações do mundo, necessitava-se de 80% da população ativa para alimentar a população total e, conseqüentemente, oito homens em cada dez eram empregados no trabalho da terra. Algumas civilizações — como as da Índia, China, países balcânicos — ainda apresentavam recentemente essa divisão. Atualmente, na França, menos de 10% do total dos trabalhadores são suficientes para alimentar o conjunto da população; nos Estados Unidos, menos de 5% dos trabalhadores conseguem não apenas alimentar o país, como também exportar produtos alimentícios. No Brasil, ainda se necessita de cerca de 30% da população ativa na agricultura[1].

Diminuição da jornada de trabalho e elevação da idade escolar

Uma outra característica fundamental da história econômica é a diminuição da jornada média do trabalho há três quartos de século. Há milhares de anos e até o fim do século XIX, a jornada média de trabalho se situava, nos países temperados, por volta de quatro mil horas por ano. Em 1890, nas estradas de ferro, o número de horas normais, impostas pelos regulamentos, era de três mil oitocentas e setenta e seis por ano; em 1937, esse número baixou para duas mil horas, ou seja, *quase a metade*. É verdadeiramente extraordinário constatar que — em quarenta e sete anos e enquanto o mundo era perturbado por terríveis guerras — a jornada de trabalho tenha podido se reduzir tanto. O exemplo das estradas de ferro, cuja mão-de-obra foi originalmente recrutada nos meios rurais habituados a longas jornadas de trabalho, é, sem dúvida, particularmente notável; ele ilustra uma tendência segura. Hoje, a jornada média anual de trabalho é de mil e oitocentas horas. E, além disso, a duração média da vida ativa foi muito reduzida.

De fato, um dos corolários diretos da diminuição da jornada média de trabalho é a elevação da idade escolar. Em 1984, 57% dos jovens americanos em idade de freqüentar a universidade estavam inscritos no ensino superior; apenas 27% dos jovens franceses; e 11% dos brasileiros. Do mesmo modo, tanto há cem anos nos países desenvolvidos como atualmente nos países em desenvolvimento, a idade média de começar no trabalho era de cerca de 11 anos, enquanto hoje, tanto na França como nos Estados Unidos, é de mais de 18 anos[2].

---

1. Cf. *L'économie française dans le monde*, p. 35.
2. Cf. *La civilisation de 1975*, p. 14.

Crises periódicas; desemprego

Por outro lado, embora não haja dúvida de que, passados cento e cinqüenta anos, o nível de vida médio da população e o poder de compra das massas trabalhadoras melhoraram de forma considerável nas nações industrializadas, também é certo, infelizmente, que esse movimento ascendente foi periodicamente cortado por crises que se traduzem pela queda da venda dos produtos, a falência ou a redução de atividade de empresas, o desemprego em massa da mão-de-obra. De 1920 a 1940, os Estados Unidos tiveram permanentemente um mínimo de dois milhões de desempregados (em 1931, tinham mais de dez milhões, ou seja, um quarto da população ativa). Ao longo do mesmo período, a Suécia teve constantemente pelo menos 10% de sua população ativa desempregada (em 1921 e em 1932 o desemprego aumentou para 24% do total dos homens e das mulheres que desejavam trabalhar)[3].

A recente crise diminuiu o ritmo de crescimento em todos os países do mundo. A taxa de desemprego ultrapassa 10% na França e é da ordem de 7% nos Estados Unidos.

A instabilidade e a disparidade dos preços

Uma outra característica da evolução econômica reside no fato de que, desde 1913, o índice geral dos preços de varejo passou de 100 para mais de 75.000 na França. Esse fenômeno não é próprio apenas da França: os países mais ricos e os menos atingidos pela guerra também tiveram um aumento sensível dos preços, já que se estima que, nos Estados Unidos, o conjunto dos preços estava em média cerca de quatro vezes mais elevado em 1964 do que em 1913.

O que é preciso notar, sobretudo, é o não-paralelismo da variação dos preços dos diferentes bens econômicos, uns em relação aos outros. Em 1913, um corte de cabelos em Paris custava 0,30 F; uma bicicleta 200 F, um KWh de eletricidade 0,57 F. Em 1987, o corte de cabelos (em novos-francos) custava 69,74 F (122 vezes mais que em 1913); uma bicicleta 999 F (apenas 5 vezes mais do que em 1913) e um KWh de eletricidade 0,68 F (quase o mesmo que em 1913).

---

3. Cf. *Le grand espoir du XXe siècle*, cap. VI.

No mesmo período (1913-1987), o salário-hora médio total do trabalhador braçal de província passou de 0,33 F (antigos) para 38,64 (novos) francos (SMIC*); ele foi multiplicado por cerca de 117, ou seja, mais ou menos pelo mesmo coeficiente que o preço do corte de cabelos, coeficiente muito superior aos coeficientes de crescimento observados para os preços da maioria dos produtos.

As mesmas disparidades podem ser observadas se compararmos os preços praticados numa mesma data em diferentes países. Assim, enquanto em Paris uma bicicleta custa o mesmo preço que 15 cortes de cabelos, em Nova Iorque uma bicicleta custa apenas o preço de 10 cortes de cabelos. Em Paris, um automóvel custa aproximadamente o preço de 400 lugares melhor situados em um bom teatro; em Nova Iorque um automóvel da mesma potência custa muito menos que 200 lugares melhor situados[4].

O progresso técnico

Certamente é mais fácil dar exemplos de progresso técnico do que o definir; no entanto, para fazer dessa noção um elemento científico, é possível transformá-la numa grandeza mensurável. Mediremos a longo prazo o progresso técnico nos fenômenos de produção pela relação do volume de determinada produção com o tempo necessário para obter essa produção. Essa medição do progresso técnico tem mais precisamente o nome de rendimento do trabalho ou produtividade. Por exemplo, se numa mina de carvão foram necessárias mil horas de trabalho para extrair 104 t de carvão, diremos que a produtividade é de 104 kg por hora.

Ora, não há dúvida de que a produtividade cresceu consideravelmente em certos setores e em certos países, desde o que se convencionou chamar de ''revolução industrial''. Por volta de 1840, na França, a produtividade média das minas de carvão não ia além de 40 kg por hora; ela atingiu 80 kg por volta de 1900, 150 kg em 1939 e hoje ultrapassa 250 kg.

Mas é preciso assinalar que os ganhos de produtivida-

* Salário-mínimo. (N. T.)

4. Cf. *Le grand espoir du XXe siècle*, cap. IV.

de estão longe de serem comparáveis em todos os setores: ora são incomparavelmente mais acentuados do que no exemplo acima, ora são quase nulos. Por exemplo, precisava-se de quase quarenta mil horas de trabalho para fazer um espelho de $4m^2$ no fim do reinado de Luís XIV; hoje precisa-se de menos de duzentas. Em compensação, não se faz mais depressa do que sob Luís XIV 1 m^2 de tapeçaria dos Gobelins[5].

A saturação das necessidades humanas

Quando a produtividade do trabalho aumenta na fabricação de um produto reproduzível, o mercado desse produto tende a se saturar. De fato, não há produto que, oferecido em abundância e ao mais baixo preço, não termine sendo rejeitado pelos homens; estes, no entanto, continuam a desejar produtos mais raros.

Assim, por volta de 1750, a população francesa dispunha em média de menos de 3.000 calorias alimentares por cabeça; ela continuava ávida de alimentos; a produção de cereais por habitante pôde, portanto, dobrar entre 1750 e 1875 sem que houvesse superprodução. Pelo contrário, a partir de 1880, o consumo de trigo por cabeça começou a alcançar seu teto de aproximadamente 3 hl por ano e depois a decrescer, em conseqüência da substituição do pão por numerosos outros alimentos.

A partir de dado momento — a produtividade agrícola não cessando de aumentar e mantendo-se fixo o volume de alimentos consumidos — a população rural deve diminuir[6].

Assim, o progresso técnico explica o despovoamento do campo e está ligado ao problema da jornada de trabalho, das crises e do desemprego.

Produtividade e mecanismo dos preços

Notemos, por outro lado, que os aumentos de produtividade provocam com freqüência quedas astronômicas dos

5. Cf. *Le grand espoir du XXe siècle*, cap. I.
6. Cf. *Le grand espoir du XXe siècle*, cap. II.

preços. O exemplo dos espelhos citado acima é, a esse respeito, relevante. Cada um dos espelhos da Galeria dos Espelhos em Versalhes (0,60 m^2) valia 352 libras* numa época em que o salário-hora médio era de 1 a 2 soldos, ou seja, 5.000 salários-hora de trabalhador braçal. Em compensação, com os progressos técnicos intervindo ao longo dos séculos, o espelho de 4 m^2 — obtido pela primeira vez em 1702 e que valia então 2.750 libras (40.000 salários-hora) — custa, já em 1985, menos de 10 salários-hora[7].

O mesmo fenômeno explica a constância (em relação ao salário) do preço do corte de cabelos nos barbeiros e as disparidades de preços registradas conforme as nações; precisa-se sempre de um terço de hora para cortar os cabelos de um homem em Paris, em Nova Iorque ou em Moscou; mas em compensação, o tempo necessário para fabricar e vender uma bicicleta comum passou de mil e quinhentas horas em 1891 e seiscentas horas em 1906, para um pouco menos de trinta em 1987, na França; ele caiu para treze horas nos Estados Unidos; o preço da bicicleta baixou, portanto, de cerca de seiscentas horas de salário de trabalhador braçal, em 1906, para trinta horas na França e treze nos Estados Unidos atualmente. Assim, explicam-se as disparidades, *a priori* estranhas, assinaladas acima, e que fazem com que nos Estados Unidos o terciário[8] apareça muito mais caro do que na França.

Não podemos tratar num volume tão curto dessas múltiplas ligações da produtividade com os fenômenos econômicos e sociais mais importantes de nosso tempo. Vamos nos limitar ao essencial e, em primeiro lugar, ao problema do nível de vida.

---

* Antiga moeda de conta francesa, valendo 20 soldos. (N. T.)

7. Cf. em seguida, capítulo I, quadro 3, p. 22.

8. Sabe-se que chamamos correntemente de terciárias as atividades com fraco progresso técnico. Ao setor terciário opõem-se os setores secundário (indústria) e primário (agricultura). Cf. *Le grand espoir du XXe siècle*, *La civilisation de 1975* e os capítulos que se seguem, principalmente o capítulo II.

CAPÍTULO I

Produtividade e nível de vida: viver melhor produzindo melhor

O problema do poder de compra dos assalariados é um dos mais graves de nossa época. Tem não apenas uma grande importância econômica, já que dele depende a crise ou a prosperidade, mas sobretudo uma grande importância social, já que é necessariamente objeto das reivindicações sindicais; especialmente hoje, pois, embora o nível de vida da classe operária seja, no seu conjunto, superior ao triplo do de 1938, a instabilidade dos preços e o problema do poder de compra são mais que nunca geradores de conflitos sociais que chegam até a greve.

Ora, esse problema é cientificamente mal conhecido. Poder-se-ia acreditar que, depois de mais de três mil anos de existência de assalariados e economistas, a humanidade tivesse tido tempo para resolver a questão ou, pelo menos, conhecer seus fatores determinantes. No entanto, nada disso aconteceu, e — apesar de meus esforços pessoais e dos esforços de alguns professores — em geral não se aprende ainda a ciência do nível de vida na escola. Mesmo os mais sábios entre nós não discernem claramente os numerosos elementos que constituem a vida econômica das nações — como as rendas, os lucros, a fiscalidade, a atividade sindical, o espírito empresarial, as riquezas naturais, o regime político etc. — daqueles que são preponderantes e exercem uma ação decisiva. Assim, são propostos os remédios os mais variados e contraditórios para um mal julgado por muitos incurável.

No espírito da grande massa de nossos concidadãos, o poder de compra depende do montante do salário. De fato, é evidente que um indivíduo que ganha o dobro de outro tem um poder de compra dobrado. Daí a esperar de um aumento geral dos salários um aumento geral do nível de vida dos assalariados basta um passo; espera-se que, aumentando o salário, aumente o consumo. Mas, se a premissa é exata, a conclusão é falsa. As experiências de aumentos salariais, tentadas desde 1944, tiveram tão mau resultado que o francês médio começou a compreender. Racionalmente, esse erro é evidente: de fato só se dobraria o poder de compra de um assalariado dobrando seu salário *se não se dobrasse, ao mesmo tempo, o salário de todos seus camaradas*. Mas, se aumentarmos ao mesmo tempo todos os assalariados, só faremos mudar a unidade de medida; de nenhum modo, as rendas e os lucros se deixam reduzir pelo aumento dos salários; pelo contrário, o clima de inflação lhes é muito favorável e aumentam com freqüência *mais rápido do que os salários*.

Um exemplo mostra bem que o poder de compra é independente do número das unidades monetárias que formam o salário: em 1958, na Grécia, um trabalhador braçal ganhava, para cada hora de trabalho, um milhar de unidades monetárias; na França, uma centena; nos Estados Unidos, uma ou duas apenas. Ora, na Grécia o poder de compra do trabalhador era o menor e nos Estados Unidos o maior. Na realidade, o nível do salário-hora tem tanta influência sobre o poder de compra quanto o comprimento do quilômetro sobre a distância de Paris a Roma: o salário-hora monetário do trabalhador braçal é uma unidade de base, uma escala de medida e não o fator determinante do poder de compra.

Quais são, portanto, os fatores essenciais que determinam o poder de compra? Uma dupla incursão no espaço e no tempo permite dar uma resposta a essa questão.

De fato, se compararmos dois países ou duas épocas em que os poderes de compra de uma mesma categoria de assalariados são sensivelmente diferentes, deveremos encontrar a ou as variáveis motrizes, a ou as causas, que existem nos países ricos e não existem — ou só existem em menor grau — nos países pobres.

I. As disparidades do poder de compra no espaço

A experiência mostra que essa pesquisa rapidamente se revela fecunda. De fato, a maioria dos homens acredita que o poder de compra de um povo rico deve ser, para todos os bens de consumo, mais elevado do que o de um povo pobre; pensa-se, por exemplo (ou pelo menos raciocina-se assim), que o operário canadense poderia comprar com seu salário anual quatro vezes mais pão, quatro vezes mais batatas ou quatro vezes mais aparelhos de rádio que o operário português. Mas a experiência prova que não é assim; de fato, todos os estudos sobre o salário mostram que, para certos bens de consumo, todos os operários do mundo têm o mesmo poder de compra, ou poderes de compra muito próximos, enquanto para outros as diferenças podem atingir de 1 a 50, e até mais.

Por exemplo, o trabalhador braçal de Chicago não pode, com um salário-hora, ir mais vezes ao barbeiro ou tomar mais vezes o metrô do que o trabalhador braçal parisiense; em compensação, ele pode comprar cinco vezes mais açúcar e eletricidade e sete vezes mais sapatos. Mais ainda: constata-se que, nos países pobres, como Indonésia ou Índia, o poder de compra pode ser mais elevado *para certos bens de consumo* do que nos países ricos. Por exemplo, para o trabalhador braçal médio, o cinema é menos caro em Jacarta do que em Chicago e Ottawa.

Um exame superficial poderia conduzir a se conceder a esses fatos um interesse apenas anedótico; um pouco de reflexão basta para compreender que constituem uma chave de nosso problema. De fato, se hoje o poder de compra do trabalhador braçal é praticamente o mesmo em todos os países do mundo no que concerne ao corte de cabelos, embora seja diferente no que concerne ao açúcar, ao trigo ou à eletricidade, é preciso que exista uma causa para isso: por que o preço do barbeiro está ligado ao salário de tal forma que, conhecendo-se o salário, sabe-se também seu preço, enquanto o custo da eletricidade, por exemplo, varia tanto em relação ao salário que, de um país a outro, o preço de 100 KWh passa de 2 para 70 salários-hora? Em outros termos, que causa rompe o determinismo que liga o preço ao salário, determinismo que engendra a estagnação do poder de compra e que ocorre para o barbeiro, o teatro, o cinema, os tratamentos médicos etc., mas felizmente não ocorre para outros bens de consumo como o açúcar, a eletricidade ou os sapatos?

Para encontrar essa causa basta estudar a classificação detalhada dos diversos bens de consumo segundo a disparidade crescente dos poderes de compra. Constata-se então com facilidade que *os poderes de compra são idênticos quando os tempos de produção são idênticos*. Ao contrário, os poderes de compra são muito diferentes se os tempos necessários para a produção são muito diferentes. Assim, os poderes de compra são próximos para o corte de cabelos em todos os países do mundo, e, ao contrário, muito diferentes para o trigo: é que, em todos os países do mundo, são necessários quinze minutos para cortar os cabelos dos homens, os métodos, senão os instrumentos, sendo os mesmos. Em compensação, o agricultor americano obtém um quintal de trigo em três horas de trabalho e o agricultor neozelandês em cinco horas, enquanto ainda são necessárias cem horas ao berbere do sul do Marrocos, que trabalha com a enxada, com a foice e colhe numa alcofa.

De fato, constata-se assim que, salvo intervenção do Estado através de subvenção ou taxação, todos o produtos para os quais a técnica de produção é a mesma correspondem a poderes de compra equivalente em todos os países do mundo, *qualquer que seja seu regime político ou econômico*; em compensação, desde que a técnica de produção é diferente, o poder de compra também é diferente e o poder de compra é maior na medida em que a velocidade de produção também o é.

Naturalmente, trata-se da velocidade média da produção marginal que é necessária para alimentar o mercado; é essa velocidade que chamamos agora, de forma habitual, de produtividade do trabalho.

A produtividade não tem, evidentemente, nada em comum com o esforço físico individual do trabalhador; ela depende das condições naturais, das máquinas e das ferramentas, da energia mecânica utilizada e de um conjunto de elementos dos quais estudaremos alguns adiante. Mas o esforço dos homens não está em questão. Sansão — acorrentado, olhos furados e surrado sem trégua — esmagava e peneirava muito mal 50 kg de trigo por dia; em nossos mais modestos moinhos, o moleiro pode tratar 5 t por dia. Ainda em 1955, vimos isso com nossos próprios olhos; sobre as esplêndidas colinas que cercam o lago de Como, homens e mulheres ainda cortavam com a foice magros trigos; os "campos", de algumas dezenas de metros quadrados, não eram servidos por nenhum caminho. Cobertos de suor, em andrajos, extenuados, eles colhiam e enceleiravam menos de meio are de trigo por hora; precisavam de quase uma outra hora para o "debulhar"; ao passo que, do alto de sua ceifeira-debulhadora automotora, o agricultor da planície do Pó colhe e debulha hoje 1 are em trinta e cinco segundos. A velocidade de produção depende essencialmente da organização do trabalho, da previsão das tarefas e dos investimentos. É por isso que podemos dizer que a produtividade é, ao mesmo tempo, uma medida do poder de compra e do progresso técnico.

II. A evolução no tempo

Se o que acabamos de dizer é exato, não deve haver qualquer melhora no tempo — nos países onde o nível de vida médio se eleva — para os bens de consumo que não deram lugar a progressos sensíveis de produtividade.

Isso é fácil de constatar. De 1914 a 1950, por exemplo, o poder de compra do trabalhador americano triplicou para o açúcar e o pão, mas só pôde progredir muito pouco para as batatas, que não se beneficiaram com um progresso técnico tão intenso. O poder de compra quadruplicou para a seda artificial, mas não aumentou mais de 30% para o algodão; o preço dos móveis baixou muito pouco em relação aos salários, enquanto o das máquinas de lavar, geladeiras e rádios baixou pela metade de 1932 a 1938; e foi de novo dividido por cerca de 10 desde 1938. Precisava-se de 200 horas de trabalho para comprar, em 1925, uma bicicleta; hoje, precisa-se de 25 para uma bicicleta mais leve e com melhor desempenho.

A eletricidade, que custava 3 salários-hora por 100 KWh em 1914, custa hoje apenas 0,2 salário-hora, ou seja, quinze vezes menos. Em compensação, a consulta médica, o teatro, os concertos de aparelhos domésticos ou de automóvel, os serviços domésticos, o barbeiro, a universidade e o ensino livre, as despesas de hospitalização, e muitos outros bens de consumo com fraco progresso técnico, custam mais ou menos o mesmo número de salários-hora que em 1914.

O mesmo ocorre na França e na Europa, onde podemos fazer estender a experiência a um período de tempo maior. Na Grécia clássica, uma trempe de ferro valia mais do que uma bela parelha de bois. Na Idade Média, como observa Lacour-Gayet, um cavalo valia menos do que seu bocal de freio. Garcopino aumentou o preço do barbeiro em Roma no apogeu do Império: 2 denários por cabeça; ora, o salário-hora do trabalhador braçal era então da ordem de 3 denários por hora; o poder de compra, expresso em corte de cabelos, era, portanto, de 1,5, mas atualmente é de 1,1 em Paris; há, portanto, regressão. Da mesma forma, por uma tapeçaria dos Gobelins paga-se agora, em salários-hora, tanto quanto sob Luís XIV (cerca de 2.000 salários-hora por $1m^2$), senão mais.

Inversamente, um rádio valia 2.700 F em 1925, data em que o trabalhador braçal ganhava 2,12 F por hora; seu preço real era, portanto, de 1.200 salários-hora; hoje, um rádio bem melhor vale cerca de 5 salários-hora (199 F em 1987, com um salário-hora de 38,64 F).

O fato de a indústria da construção ter até aqui servido menos do que a indústria em geral para a utilização dos métodos modernos e massivos de produção explica a relativa carestia da construção atualmente, e o fato de que, nos Estados Unidos, os aluguéis continuem elevados em relação ao nível dos salários.

Entretanto, estamos numa época em que o desenvolvimento do trabalho é tão rápido que o progresso técnico surge por toda parte. Mesmo na França, muitos elementos do custo de construção baixaram sensivelmente de 1882 a 1938, se os avaliarmos em salários-hora: a serralheria baixou na proporção de 5 para 1, a cobertura em telhas e os tijolos de 3 para 1 e a pintura de 2 para 1. A alta ocorrida de 1938 a 1950 — que fez os preços subirem a um nível próximo ao de 1922 — deveu-se à guerra e, desde então, deu lugar a uma intensa retomada do movimento de queda relativa.

Os quadros numéricos que se seguem confirmam a preponderância do fenômeno produtividade. Vemos no qua-

Quadro 1
Preços reais de diversos bens e serviços — fim de 1960

	Salário-hora do trabalhador braçal	*Preços reais*					
		Quintal de trigo	*Quilo de açúcar*	*KWh de eletricidade*	*Aparelho de rádio*	*Entrada de cinema*	*Corte de cabelos*
Estados Unidos	2 $	4	0,15	0,02	7,5	0,6	0,8
Inglaterra	2,5 sh	5	0,27	0,02	37	0,6	0,7
Dinamarca	5,5 c	9	0,19	0,06	44	0,6	0,7
Bélgica	30 FB	15	0,5	0,10	60	0,7	0,7
França	2,5 NF	16	0,45	0,13	50	0,8	1,1
Alemanha Federal	2,5 DM	17	0,4	0,03	32	0,6	0,8
Hungria	7,2 fl	31	1,45	0,15	110	0,8	0,7
Costa do Marfim	40 Fefa	50	1,60	0,9	190	1,2	1,2

(O salário de referência é o salário médio total do trabalhador não especializado da indústria, ou seja, o salário direto acrescido de todos os complementos e encargos sociais que cabem ao empregador; data da pesquisa, dezembro de 1960.)

Os números deste quadro, evidentemente, só têm um valor indicativo. Por mais grosseiras que sejam tais avaliações, elas são suficientes para mostrar que os poderes de compra variam pouco no mundo no que concerne aos serviços terciários (preço do cinema e preço do corte de cabelos; seria mais verdadeiro ainda quanto ao custo da hora da faxineira). São, pelo contrário, profundamente diferentes para os produtos com grande progresso técnico. (O trigo e a eletricidade são entre quinze e trinta vezes mais caros em Abidjan que em Ottawa, ao passo que o corte de cabelos é apenas 1,5 vezes mais caro.)

dro 1 que o preço real[1] de um serviço com fraco progresso técnico é o mesmo em todos os países do mundo, ao passo que as diferenças são consideráveis para os produtos com grande progresso técnico. É a técnica, portanto, que faz o poder de compra. O quadro 2 confirma por *a contrario* o mesmo princípio: ele mostra que, tanto nos Estados Unidos como na França (e na França desde 1726), o poder de compra dos assalariados variou quase exatamente da mesma maneira para todos os cereais; ao contrário, o poder de compra melhorou sete vezes mais para o trigo do que para a batata. Como explicar essa queda contínua dos preços do trigo em relação aos das batatas, de tal modo que, atualmente nos Estados Unidos, o quintal de trigo não custa mais caro do que o quintal de batatas, enquanto a taxa média das trocas era, há cento e trinta anos, de 10 quintais de batatas para 1 de trigo? Como explicar, em compensação, a estabilidade dos preços relativos dos cereais, apesar das flutuações radicais de seu mercado? Essas questões ficam sem resposta na ciência econômica clássica; elas só se esclarecem se nos referirmos às técnicas de produção e à produtividade do trabalho. Todos esses cereais beneficiaram-se dos *mesmos* progressos técnicos e a um ritmo rápido (do mangual à ceifeira-debulhadora); enquanto a cultura das batatas continua muito próxima hoje do que era em 1830.

O resultado é o seguinte: com seu salário-hora, o trabalhador braçal da França pode comprar três vezes mais batatas do que em 1830, mas pode comprar trinta vezes mais trigo.

Esses fatos não deixam qualquer dúvida sobre a realidade dos fenômenos: nosso poder de compra depende, senão exclusivamente pelo menos *de uma maneira preponderante*, do progresso técnico alcançado na produção. *Não há crescimento de nível de vida sem* crescimento da produtividade[2].

---

1. Chamamos de preço real de uma mercadoria ou de um serviço o número de horas de trabalho que um trabalhador braçal deve fazer para ganhar o dinheiro necessário para o pagamento do preço dessa mercadoria ou desse serviço.

2. Esse problema da ação da produtividade sobre o nível de vida é tratado de uma maneira aprofundada em *Machinisme et bien-être*, pp. 13 a 147.

Todos os trabalhadores, quaisquer que sejam sua posição e seu papel na produção, devem saber que a melhoria dos métodos de produção é o fator mais seguro, mais rápido e mais eficaz para o progresso econômico e social. O único meio de que a humanidade dispõe para *viver melhor* é *produzir melhor*.

Quadro 2

Evolução comparada do preço dos cereais e das batatas em dois séculos e meio

Relação (%) do preço corrente do quintal dos cereais e das batatas com o do quintal de trigo, de 1726 a 1975 (preço de atacado, na fazenda)

	Centeio	*Cevada*	*Aveia*	*Batata*
França:				
1726-31	71	68	68	—
1750-55	68	65	68	—
1786-89	75	71	66	—
1726-89	71	67	68	—
1835-40	67	56	70	11
1875-80	65	70	74	25
1911-13	74	75	78	30
1835-1913	69	68	71	—
1920-25	76	76	75	—
1936-39	—	—	—	40
1945-50	83	74	69	—
1914-50	73	73	67	—
1950	83	74	69	48
1971-75	90	90	75	80
Estados Unidos:				
1909-13	77	84	77	65
1936-40	70	74	88	100

As cifras relativas à aveia estão todas compreendidas entre 67 e 78; as relativas ao centeio entre 65 e 83; as relativas à cevada entre 56 e 84; ao contrário, as cifras relativas à batata variam de 11 a 100.

Fonte dos quadros 1 e 2: J. Fourastié, *Prix de vente et prix de revient; Recherches sur l'évolution des prix en période de progrès technique* (2ª e 3ª séries), brochuras autografadas, Domat-Montchrestien, Paris, 1950 e 1952.

Quadro 3

Preços em moeda corrente e poder de compra dos salários — França (1702-1985)

	1972	*1891*	*1985*
Salário-hora do trabalhador braçal da província	1 soldo 1/2	5 soldos	32 F
Preços de mercadorias ou serviços:			
a) Sem progresso de produtividade (terciário):			
1 m² de tapeçaria	200 libras	600 F	60.000 F
Uma barba no barbeiro	1 soldo	3 soldos	30 F
b) Com grande progresso de produtividade (secundário):			
Um espelho de 4 m²	2.750 libras	200 F	1.450 F
Uma bicicleta com pneus (de primeira qualidade) .		380 F	1.500 F
Número de salários-hora necessários para pagar:			
a) Bens ou serviços sem progresso de produtividade:			
1 m² de tapeçaria	2.600	2.400	1.900
Uma barba no barbeiro	2/3	3/5	1
b) Bens com grande progresso de produtividade:			
Um espelho de 4 m²	40.000	800	45
Uma bicicleta		1.500	47

O quadro acima mostra como o poder de compra do salário permaneceu estagnado no terciário em duzentos e cinqüenta anos. Pelo contrário, cresceu muitíssimo no setor secundário; em particular, no caso da fabricação de espelhos, ele passou de 1 para 800. Isso se deve a que o barbeiro sempre leva cerca de quinze minutos para barbear um cliente, e o tapeceiro mais de duas mil horas para fazer 1m² de tapeçaria do tipo "Caças de Luís XV", ao passo que por volta de 1702 precisava-se de mais de quarenta mil horas de trabalho para obter um espelho de 4 m² que hoje se obtém em 45 horas.

O preço em 1985 de 60.000 F para o metro quadrado

de tapeçaria dos Gobelins refere-se na realidade não a uma obra do tipo "Caças de Luís XV", mas a uma tapeçaria "de uma tecedura muito mais grossa", sobre esboço de Chagal. De modo que, atualmente, o custo real da tecedura de uma tapeçaria do tipo "Caças de Luís XV", tomada como referência no século XVIII, seria nitidamente superior a mil novecentas e trinta horas e, com certeza, pelo menos igual ao de 1702.

Cada vez que, para uma mercadoria ou um serviço, ocorre um aumento de produtividade, constata-se *a longo prazo* uma melhoria do poder de compra dos assalariados; pelo contrário, não ocorre em qualquer país e em qualquer época nenhuma melhoria substancial do poder de compra em relação às mercadorias e aos serviços para cuja produção a produtividade se manteve constante.

Da mesma forma, se atualmente o poder de compra do operário americano é de uma bicicleta para quinze horas de salário, enquanto, na França, ainda são necessárias trinta e uma horas (ao passo que se precisava de mil e quinhentas horas em 1891), é porque o número total de horas de trabalho, direto e indireto, necessárias — para fabricar e vender uma bicicleta, a partir do minério de ferro e das outras matérias-primas necessárias e que se aproximava de mil e quinhentas em 1890 — foi reduzido para trinta na França e baixou para quinze nos Estados Unidos. Assim, *não são raros os exemplos em que* o aumento da produtividade, em sessenta anos, multiplicou por cinqüenta o poder de compra dos salários-hora.

Inversamente, o poder de compra dos salários permanece estagnado no tempo e no espaço para todos os produtos e serviços terciários. Em Moscou, Roma, Paris e Chicago sempre são necessários de quarenta e cinco minutos a uma hora de salário de trabalhador braçal para pagar um corte de cabelos no barbeiro; precisa-se sempre e em toda parte do mesmo número de horas de salário para pagar uma entrada para a Ópera, uma consulta médica, uma hora de lição particular, um metro de tapeçaria...

Portanto, o crescimento do poder de compra dos salários e do nível de vida de uma população depende — senão exclusivamente, pelo menos, na maior parte das vezes, principalmente — da produtividade do trabalho.

III. Nota relativa à influência dos lucros privados sobre o poder de compra dos assalariados

A influência dos lucros sobre o poder de compra dos assalariados foi muitas vezes analisada pelos economistas, mas raramente calculada. Ora, os fatos mostram que essa influência, por mais real que seja, permanece muito mais fraca do que geralmente se crê.

Por exemplo, o preço de um quintal de trigo era, em 1950, de 6 dólares canadenses em Ottawa, e de 76 florins em Budapeste. Sendo o salário-hora do trabalhador braçal, então, de 1 dólar no Canadá e de 2 florins na Hungria, o preço real do trigo era de seis horas de trabalho no Canadá e de trinta e oito horas na Hungria (comparar com os números do quadro 1; em 1986, esses preços tinham baixado para menos de três horas no Canadá e cerca de trinta na Hungria).

Se quiséssemos explicar pelos lucros privados essa enorme diferença de poder de compra entre os assalariados dos dois países, seria preciso que, a lucros nulos, no Canadá, correspondessem na Hungria lucros capazes de cobrir a diferença entre seis (preço de venda, em 1950, no Canadá) e trinta e oito (preço de venda húngaro na mesma data). Os lucros seriam, portanto, nulos no Canadá e da ordem de 32/36 = 90% na Hungria. Ora, isso é impossível, já que, na realidade, existem lucros no Canadá e não existem lucros na Hungria desde a coletivização.

A verdade é que o preço de custo era tão baixo no Canadá que, apesar dos lucros da ordem de 5%, o poder de compra era de 16 kg de trigo por hora de salário, enquanto o preço de custo era tão elevado na Hungria que, apesar dos lucros nulos, o poder de compra era apenas de 2,6 kg de trigo por hora de salário. Ora, se os preços de custo diferem de 5,7 para 38 é em conseqüência das diferenças da produtividade do trabalho. Naturalmente, pode-se pensar a mesma coisa sobre as cifras de 1986 ou outras.

Observa-se, portanto, que os ganhos que se devem esperar dos avanços de produtividade são *preponderantes* em relação àqueles que resultam da redução ou da supressão dos lucros privados.

Essas conclusões são confirmadas pela análise dos preços terciários, tais como o corte de cabelos, que são muito próximos na Hungria e na América porque a técnica da produção difere pouco.

Não resulta, de modo algum, desses fatos que não existam na França lucros excessivos e rendas parasitárias. Isso não implica tampouco a condenação dos ideais que têm como objetivo a supressão dos lucros. Mas é preciso saber que, sozinha, essa supressão é insuficiente para aumentar de uma maneira substancial o poder de compra. Por volta de 1750, o poder de compra do diarista francês era de uma libra de trigo por hora de salário; os lucros dos proprietários das melhores terras eram então muito superiores a suas taxas atuais, mas no entanto não ultrapassavam 50%; a supressão desses lucros — supondo-se (o que não é verdade) que o trigo necessário para alimentar a população francesa crescesse unicamente nessas melhores terras — passaria o poder de compra de 500 g para 750 g. Ora, o poder de compra era de 3,6 kg em dezembro de 1950, e de 25 em 1987, embora ainda existam lucros.

Em 1950, na França, se fossem suprimidos esses lucros de todos os produtores de trigo, sem que isso provocasse queda de produtividade, o poder de compra passaria no máximo para 4 kg, número a ser comparado com os 32 kg do Canadá em 1986 — que mostram o ganho possível através do progresso técnico — e com os 6 kg, depois 9 kg, e depois 25 kg alcançados pela própria França em 1961, 1967 e, enfim, em 1987.

A situação é a mesma para muitos produtos de grande consumo (carvão, eletricidade, açúcar, batatas...); em compensação, outros produtos permitem lucros muito superiores (carne etc.). Um estudo analítico dos lucros é, portanto, necessário para determinar sua incidência sobre o nível de vida.

Enfim, é essencial insistir com firmeza no fato de que as análises do presente capítulo situam-se na perspectiva da evolução econômica *a longo prazo* (dez anos, quinze anos no mínimo). Portanto, os fatos que expomos aqui não excluem, de modo algum, que muitas vezes a curto prazo *os progressos de produtividade resultem, pura e simplesmente, na alta dos lucros sem redução dos preços de venda nem aumento do salário*. É dever do Estado e dos sindicatos dos trabalhadores lutar contra esse estado de coisas: os fatos acima mostram que, com o tempo e dentro desses limites, sua vitória é certa.

De forma que, se o aumento da produtividade não é a curto prazo uma condição *suficiente* do crescimento do poder de compra, no entanto ele é uma condição necessária a longo prazo.

CAPÍTULO II

Primário, secundário, terciário

Os exemplos citados no capítulo anterior mostram que os progressos da produtividade, quando importantes, são sempre seguidos, a longo prazo, de um aumento do poder de compra e, conseqüentemente, do nível de vida.

Mas esse problema do poder de compra e dos preços reais é apenas um caso particular do problema geral da formação dos preços. A produtividade age de duas formas sobre os preços:

1) Quando a produtividade cresce, o preço real de custo decresce, e portanto o preço de venda mínimo possível diminui.

2) Quando a produtividade cresce, a produção também pode crescer, a escassez diminui e, portanto, as rendas e lucros decrescem.

Não podemos desenvolver aqui esses dois princípios fundamentais que demonstramos e precisamos em obras maiores[1]. Resulta disso, em particular, que os países com grande produtividade são os que têm pouco lucro e preços baixos, enquanto os países com pequena produtividade são os que têm preços elevados e grandes rendas.

Mas o que importa destacar aqui é o fato da irregularidade básica, que se manifesta nos progressos da técnica de produção. Os progressos da produtividade estão longe de ser paralelos em todos os ramos da economia: não apenas algumas nações encontram-se muito atrasadas em relação a outras e empregam, ainda hoje, as técnicas de 1800, mas também nas próprias nações que progridem certos setores da produção só tiveram fraco progresso, enquanto ganhos consideráveis de produtividade registraram-se em

1. Cf. *Le grand espoir du XXe siècle* (cap. V) e *Machinisme et bien-être* (cap. III).

outros ramos. Essa observação está na base da divisão sumária da economia em três setores: primário, secundário, terciário.

Em geral, os bens primários são bens de origem agrícola, com progresso técnico médio. Em geral, os bens secundários são produtos de origem industrial, como os produtos manufaturados, com forte progresso técnico. Os bens terciários são produtos ou serviços com progresso técnico fraco; em geral, são fornecidos pelo comércio, administração, profissões liberais, artesanato etc.

Essa distinção ganha todo o seu valor se repararmos que, na maioria dos casos, o consumo tem uma reação muito diferente em relação a cada um desses três tipos de bens: no que concerne aos bens alimentícios, o progresso de produtividade, se bem que secularmente fraco, bastou para produzir uma saturação relativa das necessidades; por exemplo, o consumo de trigo por cabeça, ou de batata ou de carne, após ter-se elevado na França durante todo o século XIX e o início do século XX, encontra-se atualmente estagnado; não cresce mais e tende até a baixar. Por exemplo, o consumo de frumento na França, que era inferior a 1,4 quintal por cabeça no século XVIII, alcançou um máximo de 2,4 em 1900 e encontra-se agora reduzido a 1,2. O consumo de vinho, partindo de 26 l por cabeça em 1830, passou por um máximo de 121 l em 1930.

No que concerne aos bens secundários, o importante progresso de produtividade registrado pela produção não bastou, em geral, para engendrar uma saturação mesmo que relativa das necessidades, mas nem por isso deixam de se manifestar sinais de uma saturação próxima e/ou pelo menos previsível. Por exemplo, o número de automóveis particulares, que era ínfimo na França tradicional, ultrapassa agora 72 para 100 famílias, ou seja, cerca de 280 para 1.000 habitantes; mas esse número não assinala uma saturação, já que o número de automóveis para 1.000 habitantes passa de 300 no Canadá, na Austrália e nos Estados Unidos; em compensação, o máximo de consumo é previsível, pois é pouco provável que o número de automóveis por família cresça muito além de um máximo de cerca de 400 automóveis por 1.000 habitantes.

Em compensação, o fraco progresso registrado na produção de bens e serviços terciários deixam, em geral, o consumo ávido, em conseqüência da manutenção de preços elevados e da própria insuficiência dos bens oferecidos. É o caso, por exemplo, dos serviços domésticos, dos cuidados pessoais, dos serviços comerciais, dos espetáculos, do turismo etc.

Assim, um produto primário padrão é um produto como as batatas, cuja produtividade só cresce lentamente (40% em cento e cinqüenta anos); cujo consumo por cabeça já atingiu seu máximo (4 kg por ano e por cabeça); e cujo preço só decresce fracamente (9 salários-hora o quintal contra 25 em 1800, 6 salários-hora atualmente nos Estados Unidos).

Um produto secundário padrão é a bicicleta, cuja produtividade está crescendo muito (nove vezes maior na França em 1956 do que em 1895); o consumo por cabeça também está crescendo muito, mas tende para um teto muito proximamente (neste momento, há 10 milhões de bicicletas na França, mas os compradores tendem a se orientar cada vez mais para as motocicletas e lambretas); os preços reais estão decrescendo muito (para uma bicicleta de luxo, 1.100 salários-hora em 1895 e 30 atualmente; para uma bicicleta comum, 800 salários-hora em 1895 e 15 atualmente).

O produto terciário padrão é o serviço de quarto de hotel de turismo; o serviço é prestado com uma produtividade praticamente constante; seu preço é, portanto, praticamente paralelo ao salário e, às vezes, até mesmo crescente; em compensação, a demanda não pára de crescer em todos os países, mesmo e sobretudo nos de maior progresso, porque essa demanda é maior na medida em que o nível de vida é mais elevado.

Os gráficos I, II e III, que se seguem, esquematizam esses fatos.

Cometeríamos grave erro se conferíssemos a essa classificação tripartida um caráter rígido. De fato, em primeiro lugar, um produto ou um serviço pode se comportar como secundário durante um certo tempo e como terciário durante outro; pode em seguida comportar-se de novo como secundário etc. Isso se deve ao ritmo irregular do progresso técnico, que decorre do ritmo imprevisível das descobertas científicas, das prospecções minerais e da organização social.

Gráfico I
Produto primário padrão (batatas)

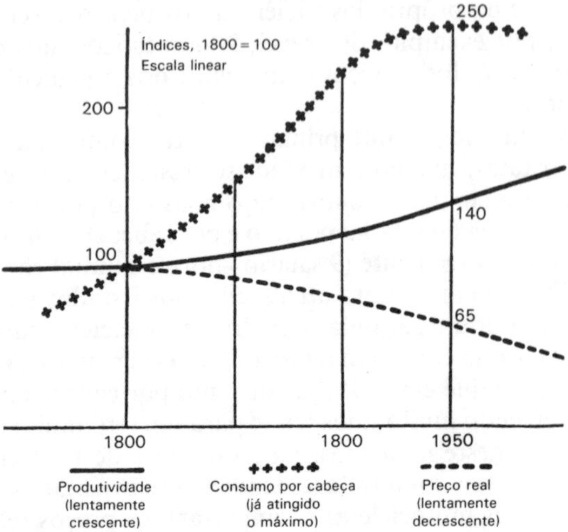

Gráfico II
Produto secundário padrão (bicicleta)

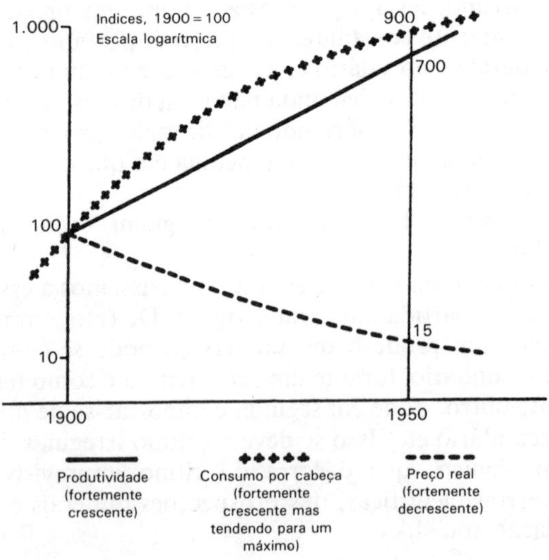

Gráfico III
Produto terciário padrão (quarto num hotel de turismo)

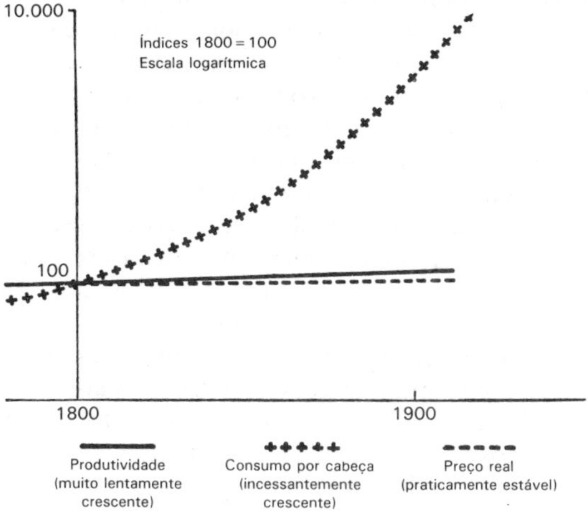

Gráfico IV
Evolução do emprego dos trabalhadores nos três setores

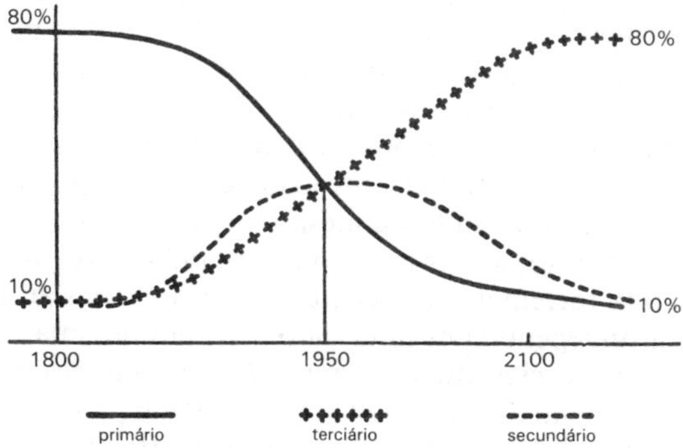

Melhor ainda, numa determinada data e durante um determinado tempo, um produto pode se comportar como secundário do ponto de vista da produção e como terciário do ponto de vista do consumo; por exemplo, é esse atualmente o caso do rádio e dos aparelhos domésticos na França. Em compensação, um produto secundário que envelhece tende a se comportar, do ponto de vista do consumo, como um produto primário; por exemplo, nos Estados Unidos o mercado de automóveis não está longe de ter as mesmas características que o do mercado do trigo em 1900.

Muitos produtos agrícolas comportam-se mais como produtos terciários do que como primários: por exemplo, o tabaco; as frutas (como o morango e a uva de mesa) só se beneficiam de fraco progresso na produção, porque é preciso colhê-las manualmente; em compensação, seu mercado cresce de maneira contínua, em conseqüência do progresso dos transportes e da elevação do nível de vida médio. Ao contrário dos anteriores, o trigo e os outros cereais têm uma produção do tipo secundário.

Não se deve, portanto, pensar que as categorias primárias, secundárias e terciárias são rígidas e as classificações definitivas. O que importa, quando se deseja estudar a economia de um produto, é apenas saber com que intensidade o progresso técnico age sobre sua produção e que tipo de mercado oferece o consumo. Os termos primário, secundário e terciário são só qualificativos que permitem evocar certas situações-padrão.

Mas a realidade econômica apresenta uma dupla escala contínua e constantemente instável; uma delas vai de um progresso técnico nulo ou mesmo negativo a um progresso técnico intenso; a outra, de uma demanda regressiva a uma demanda fortemente crescente. As duas séries são, por natureza, independentes uma da outra, já que uma depende do progresso científico e a outra de necessidades humanas mais ou menos influenciadas pelas modas, educação, publicidade e palavras de ordem políticas. Portanto, a estrutura natural da produção crescente é, por natureza, um fenômeno independente da estrutura natural do consumo crescente. No entanto, esses dois fenômenos independentes devem harmonizar-se a curto prazo, já que não se pode produzir por muito tempo o que não é consumido; e já que, inversamente, não se pode tampouco consumir o que não é produzido.

Os qualificativos primário, secundário, terciário são simplesmente um instrumento que facilita o estudo da economia de determinado produto, permitindo compará-lo com produtos-padrão anteriormente estudados.

Assim, em seu conjunto e em média, um ano pelo outro, a agricultura comporta-se como primária, a indústria como secundária e os outros setores como terciários.

Esse esquema permite explicar muitas características essenciais da evolução econômica contemporânea, por exemplo a estrutura dos preços, a estrutura dos orçamentos dos trabalhadores, a evolução das rendas e, particularmente, a redução das rendas da terra e o crescimento dos lucros de curto prazo; a duração, as conseqüências e as características das crises econômicas; o equilíbrio do comércio exterior e as flutuações cambiais etc. É impossível precisar aqui esses problemas e mostrar o quanto a noção de produtividade permite esclarecê-los e perceber movimentos coerentes e previsíveis aonde não víamos até recentemente senão incoerência e agitações desordenadas[2].

Reteremos aqui apenas o problema mais importante após o dos preços: o do emprego da população ativa e da orientação profissional. Se, em seu conjunto, a agricultura comporta-se aproximadamente como um produto primário-padrão, o resultado é que a produção tende a crescer progressivamente, enquanto a população continua estável. Portanto, o equilíbrio só pode se realizar através de uma redução do número dos homens empregados na agricultura. A proporção da população ativa empregada na agricultura, portanto, começou a diminuir a partir do momento em que o progresso técnico começou a ser substancial; ela continuará diminuindo por tanto tempo quanto esse progresso técnico continuar fazendo sentir seus efeitos e o consumo por cabeça continuar estável. Por volta de 1800, para alimentar muito mal o país, era preciso que pelo menos 80% dos trabalhadores estivessem na agricultura. Atualmente, é preciso quase a mesma coisa na China, onde o progresso téc-

2. Essas questões são tratadas em *Le grand espoir du XXe siècle*.

nico começou há pouco, mas bastam 8% na França e 4 a 5% nos Estados Unidos.

A indústria, comportando-se aproximadamente em seu conjunto como secundário, tem uma produção natural muito crescente. Mas a demanda — de início muito crescente — tende pouco a pouco a se saturar. A curva do emprego na indústria, de início crescente, tende em seguida a um teto que, nos países mais evoluídos, é atualmente seguido de uma tendência à redução, daí a curva em vértice do gráfico 4.

Enfim, os outros setores comportam-se no conjunto como terciários. Como a produtividade média do conjunto desses setores ainda é, apesar da eletrônica, fracamente crescente, a produção só pode responder a necessidades sempre crescentes recorrendo a novos trabalhadores. Partindo de números muitos pequenos, a curva do emprego é, portanto, fortemente crescente e só é limitada pelas necessidades dos dois outros setores.

O gráfico 4 resume essas três tendências fundamentais. Ele mostra que, primeiro, a população ativa é expulsa da agricultura, depois da própria indústria pela produtividade crescente desses setores. É essa redução do emprego que permite a diminuição dos preços e o aumento do poder de compra. Mas, com freqüência, essa população ativa encontra emprego no terciário onde não se manifesta atualmente qualquer tendência, mesmo longínqua, de saturação das necessidades humanas: ao contrário, quanto mais um país avança no caminho do progresso técnico, mais o terciário torna-se escasso e caro; quanto mais se eleva o nível de vida, mais se manifesta a "fome" de terciário[3].

Os gráficos precedentes, particularmente o gráfico 4, podem servir para estudar a economia de um setor qualquer da produção e do consumo. Os dirigentes de empresas e os sindicatos profissionais utilizam-nos para estabelecer as pers-

3. Expusemos longamente em *Le grand espoir du XXe siècle* o fato de que o terciário na França é anormalmente inchado. No mesmo sentido, ver Alfred Sauvy, *Théorie générale de la population*, t. I. Encontraremos em *La civilisation de 1975* e em *L'économie française dans le monde* numerosos quadros descrevendo a evolução efetiva da distribuição profissional da população ativa em diversos países há cem anos.

pectivas que se abrem diante deles. Por exemplo, se o mercado de tal produto comporta-se como primário — o que se pode encontrar seja na agricultura, seja para certos "velhos" produtos industriais —, é preciso contar com uma redução progressiva do emprego, imposta por uma queda progressiva dos preços e uma anulação progressiva das rendas ou lucros. Ao contrário, um setor de comportamento terciário tem diante de si uma curva de emprego crescente, preços estáveis e lucros crescentes.

Tais previsões fazem parte da ciência denominada *estudo de mercado*. Ela tem para o dirigente de empresa um interesse que nem é preciso assinalar. Mas tem também um grande interesse a nível nacional. Pois as previsões regularizam a vida econômica e permitem aproximá-la da máxima eficácia. É por isso que podemos dizer que o capitalismo de 1990 leva em consideração o longo prazo, enquanto o capitalismo de 1900 só conhecia o curto prazo.

Em particular, os estudos derivados do gráfico 4 — possibilitando orientar com suficiente antecipação a população ativa — permitem não apenas evitar a volta das crises econômicas como a de 1929, mas também *deveriam* permitir manter aproximadamente o pleno emprego da mão-de-obra numa economia em expansão. Infelizmente, ela não basta, numa conjuntura econômica medíocre, como a de hoje, para acabar com o desemprego.

Trata-se, no quadro 4, do salário total pago ao trabalhador *e aos cofres públicos em seu nome*, em virtude das disposições legais em vigor. O salário total é a soma do salário direto (pago ao trabalhador), impostos (taxa de aprendizado etc.) e auxílios sociais (salário-família, seguridade social) pagos pelo empregador. O salário total é, portanto, a soma total paga pelo empregador para obter uma hora de trabalho de um trabalhador braçal não instruído e que deve voltar (através do Estado e da seguridade social), senão para esse trabalhador considerado individualmente, ao menos para o conjunto dos assalariados.

No primeiro trimestre de 1988, o salário total era pelo menos igual a 1,428 vezes o salário bruto para salários remunerados abaixo do teto; a diferença de 42,8% devia-se às seguintes despesas, pagas pelo empregador:

Seguro doença (cotização patronal)	12,60%
Seguro velhice (cotização patronal)	8,20
Salário-família	9,00
Fundo nacional de ajuda habitacional	0,10
Acidentes de trabalho	2,10
Pagamento de transporte	1,20
Férias remuneradas	9,60
	42,80

Em muitas empresas, as despesas salariais aumentaram em níveis ainda mais fortes, ultrapassando 70% na indústria da construção e nas obras públicas.

Entretanto, limitamos a 35% (desde 1950) e a 40% (desde 1984) a diferença entre o salário direto e o salário total,

Quadro 4

Salário-hora médio total do trabalhador braçal da província na França em moeda corrente (francos e cêntimos) desde 1725

1725	0,07	1937	5,32	Abril 1959	215
1750	0,08	1938	5,90	ou em novos	
1775	0,09	1939	5,95	francos	2,15
1800	0,14	1940	6,10	Out. 1960	2,35
1825	0,16	1941	7,33	Out. 1965	3,36
1850	0,19	1942	8,52	Out. 1970	5,02
1875	0,22	1943	9,35	Out. 1971	5,82
1895	0,26	Out. 1944	16,25	Out. 1972	6,53
1900	0,29	Out. 1945	26,90	Out. 1973	7,74
1905	0,30	Out. 1946	35,30	Out. 1974	9,45
1910	0,33	Out. 1947	48,00	Out. 1975	11,30
1914	0,34	Out. 1948	72,20	Out. 1976	12,70
1921	1,67	Out. 1949	75	Out. 1977	14,00
1925	2,12	Out. 1950	93	Out. 1978	16,20
1930	3,33	Out. 1951	130	1979	18,00
1931	3,30	Abril 1953	135	1980	21,00
1932	3,19	Abril 1954	144	1981	24,90
1933	3,06	Abril 1955	150	1982	28,10
1934	3,10	Abril 1956	165	1983	31,10
1935	3,15	Out. 1956	175	1984	31,60
1936	3,97	Out. 1958	210	1985	32,20

Sobre a definição exata dos números do quadro 4, cf. *Documents pour l'histoire et la théorie des prix* (A. Colin, Edit.).

considerando que algumas das despesas enumeradas acima são mais despesas gerais do que salários (seguro contra acidentes do trabalho, por exemplo). A escolha desse coeficiente é ditado também por nossa preocupação em chegar a um número *que não possa ser contestado como taxa média do salário-hora mínimo dos trabalhadores adultos* mas não instruídos, na indústria francesa na província, neste momento.

A série de salários que figura no quadro 4 é a que serve para os cálculos dos preços reais de todas as mercadorias e serviços: o preço real é simplesmente o quociente do preço corrente pelo salário-hora da época em que o preço corrente foi tirado. Por exemplo (ver quadro 5), o preço corrente do metro cúbico de gás era de 0,30 F em 1895, o salário-hora de 0,26; o preço real do gás era, portanto, de $\frac{0,30}{0,26} = 1,13$ a hora. Isso quer dizer que o trabalhador braçal, que ganhava 0,26 por hora, devia trabalhar 1,13 hora (ou seja, cerca de uma hora e sete minutos) para ganhar o salário necessário para pagar 1 m^3 de gás. Em 1960, o preço corrente do gás era 0,36 NF, o salário-hora de 2,35 NF, o preço real do gás era, portanto, $\frac{0,36}{2,35} = 0,15$ hora, ou seja, nove minutos. Em 1972, o mesmo cálculo dá 5 minutos etc.

As desvalorizações e a anarquia monetária internacional obrigam qualquer um que queira compreender, um pouco que seja, os fenômenos da evolução dos preços a sempre levar em conta os preços reais.

Notar-se-á que, em novos francos, os salários voltaram, em 1960, mais ou menos ao nível do que eram em francos Poincaré* *em 1925*: mas os preços são muito inferiores (ver quadro 5). Muitos preços de 1960, em novos francos, são mesmo inferiores ao que eram em 1910 em francos germinal* enquanto os salários são seis vezes e meia mais elevados. Por exemplo, a eletricidade vale, em 1960, 0,33 o quillowat-hora, contra 0,70 F germinal em 1910.

---

* Nome dado ao franco instituído em 1928 por Poincaré, com valor correspondente a pouco mais de 1/5 do franco germinal. (N. T.)

* Franco de ouro de 0,3255g que, de 1879 a 1928, constituiu a unidade monetária francesa. (N. T.)

Quadro 5

Preços em francos correntes e em salários-horários médios de diversos bens e serviços desde 1895

	m^3 *de gás* (3)		*KWh de eletricidade* (4)		*Lâmpadas elétricas de 15 W* (5)		*Bicicleta de homem menos cara* (6)	
	(1)	(2)	(1)	(3)	(1)	(2)	(1)	(3)
1895	0,30	1,13	1,50	5,8			209	800
1910	0,20	0,60	0,70	2,1	1,25	3,7	125	375
1921	0,55	0,33	1,10	0,65	3,50	2,1	425	255
1930	1,0	0,30	1,57	0,47	5,50	1,6	355	108
1937	1,85	0,23	1,48	0,28	4,50	0,8	560	105
1951 (7)	24,20	0,22	17,92	0,14	130	1,0	13.600	105
1959	0,36	0,16	0,33	0,15	1,30	0,6	185	86
1964	0,37	0,12	0,34	0,11	1,30	0,44	230	77
1967	0,39	0,10	0,41	0,11	1,40	0,37	240	64
abril 1970 ..	0,48	0,10	0,40	0,08	1,40	0,28	291	58
1979	0,95	0,05	0,76	0,04	1,95	0,11	800	44
1985	1,28	0,04	0,65	0,02	4,50	0,14	1.500	47
E. Unidos:								
1956 (8)	0,04	0,03	0,02	0,02	0,20	0,18	40	32

1. Para a França, de 1895 a 1953, preços em francos e cêntimos; em 1959, preços em novos-francos; para os Estados Unidos, em 1956, preços em dólares e cts.

2. Preços em horas de salário de trabalhador braçal (cf. nota do quadro 4).

3. Tarifa cozinha, depois, tarifa conforto.

4. Iluminação doméstica, primeira fração, depois, tarifa conforto, taxas não incluídas.

5. *Catalogue de la Manufacture française d'armes et cycles de Saint-Etienne*; filamento metálico, 110 V.

6. *Catalogue de la Manufacture française d'armes et cycles de Saint-Etienne*; até 1928, primeiro modelo da série "Hirondelle"; a partir de 1928, série "Hiron".

De 1949 a 1980, os preços *reais* dos automóveis e dos aparelhos domésticos baixaram na proporção de 3 para 1. O caso das geladeiras é particularmente notável: o índice I.N.S.E.E. de seus preços *correntes* era em 1965 de 80,5 sobre a base 100 em 1949; o que significa que, com capacidade e qualidade iguais, um refrigerador valia, em moeda *corrente*, cerca de 20% a menos em 1967 do que em 1949. Ora, entre as duas datas, os salários tinham sido multiplicados por 4,5.

	Câmara-de-ar de bicicleta (9)		*Quintal de trigo* (10)		*Quintal de batata* (10)		*Corte de cabelos* (11)	
	(1)	(2)	(1)	(2)	(1)	(2)	(1)	(3)
1895	15	58	21,8	85	4,89	18	0,25	1
1910	8	24	23,3	70	6,85	22	0,30	0,9
1921	7	4,2					1,50	0,9
1930	9	2,7	150	45	67	20	3	0,9
1937	7	1,3	175	34			5	1
1951 (7)	183	1,7	3.600	28	1.487	15	140	1,1
1959	2,75	1,2	36	17	36	16	2,25	1
1964	3,85	1,3	39	12	23	8	3,50	1,1
1967	3,85	1,03	39	11	34	9	3,75	1
abril 1970 ..	4,30	0,86	60	12	50	10	5,5	1,1
1979	12,60	0,70	100	5,5	72	4,0	17	1
1985	26,0	0,80	130	4,0	95	3,0	35	1,1
E. Unidos:								
1956 (8)	0,5	0,4	8	6	12	10	1,25	1

7. Para o gás, a bicicleta e a câmara-de-ar, abril de 1951; para os outros bens de consumo, outubro de 1951.

8. O salário-hora do trabalhador braçal das pequenas cidades sendo de $ 1,25.

9. *Catalogue de la Manufacture française d'armes et cycles de Saint-Etienne.*

10. Antes de 1920, médias qüinqüenais dos preços de atacado na fazenda; desde 1920 para o trigo, média anual no mercado de Paris; para a batata, mercado central de Paris.

11. Homem, em Paris, "categoria D".

O conjunto dos preços de varejo — avaliado pelo índice I.N.S.E.E. do custo de vida — estava em meados de 1979 no mesmo nível que no começo de 1939 (quer dizer que os preços de 1979 em novos-francos são em média os mesmos que os de 1930 em antigos francos). Mas os salários são três vezes superiores.

Os preços do quilowatt-hora de eletricidade, do metro cúbico de gás, da câmara-de-ar, da lâmpada elétrica etc. são preços de comportamento claramente *secundário*. O quilowatt-hora de eletricidade, tarifa de iluminação doméstica, valia cerca de 6 salários-hora em 1895; ele caiu atualmente para 0,06, e depois para 0,02, como nos Estados Unidos (que prefiguram nosso futuro ou, mais exatamente, nosso futuro possível e não utópico). Entre os produtos agrícolas, o trigo se aproxima do secundário com um aumento do poder de compra que é de 1 para 21 na França (4 para 85). Em compensação, a batata comporta-se como produto primário (ganho de 1 para 4). O corte de cabelos é tipicamente *terciário*; seu preço real depende sobretudo da relação dos salários-hora médios dos barbeiros com o salário-hora dos trabalhadores braçais: nenhum aumento durável de poder de compra pôde ser descoberto desde 1895.

Que teoria da oferta e da demanda, dos monopólios ou pluripólios, que outro elemento das teorias clássicas do "mecanismo da formação dos preços" explicará a evolução do preço do trigo em relação ao das batatas, do preço da bicicleta em relação à câmara-de-ar, do preço da lâmpada de 15 W em relação à de 40 W? Podemos estudar numerosos exemplos dessas evoluções — que se explicam facilmente pela noção de produtividade e só se explicam por ela — em nossas *Recherches sur l'évolution des prix en période de progrès technique*, de onde saíram as cifras do quadro 5. Por exemplo, a queda do preço dos espelhos de 4 m^2 em relação aos de 3 m^2 ou *a fortiori* de 3 cm^2; a queda do preço das revelações de filmes fotográficos em relação ao da cópia em papel.

Enfim, o quadro 5 mostra todas as vantagens que o consumidor adquire com o progresso da produtividade: os ganhos alcançam, em oitenta anos, a taxa de 1 para 290 para a eletricidade, quer dizer que o poder de compra do salário total do trabalhador braçal de província foi *multiplicado* por 290 desde 1895; no que concerne à corrente elétrica de iluminação, o ganho para o salário direto é de 1 para 85. O exemplo dos Estados Unidos mostra que um novo ganho de 1 para 2,5 ainda é possível, o que daria um ganho total de 1 para 250. Uma taxa próxima de 300 é encontrada para os espelhos de grandes dimensões. Tais produtos formam a ponta avançada do secundário: encontram-se ali a borracha (ganho de 1 para 80 sobre a câmara-de-ar), as lâmpadas elétricas e numerosos produtos químicos, metais outrora raros como o alumínio, muitos aparelhos domésticos, etc.

Desde 1895, na França, os ganhos da ordem de 1 para 5 são em grande número: temos aqui o exemplo do gás (1 para 29), da bicicleta (1 para 17), da lâmpada elétrica (1 para 26), do trigo (1 para 27).

O quadro 5 mostra, enfim, a *regressão* técnica registrada em muitos produtos de 1937 a 1949: entre essas duas datas, a bicicleta sobe de novo de 105 para 162; a câmara-de-ar de 1,3 para 1,7; a lâmpada elétrica de 0,8 para 1,1. Mas, desde 1949, e para muitos produtos desde 1947, a tendência começou a retornar ao normal apesar do clima de inflação favorável aos lucros e muito desfavorável aos esforços técnicos.

O conjunto dos preços terciários, cujos progressos ainda são fracos ou nulos, não deixa de ser numeroso: além do corte de cabelos e da tapeçaria, ele compreende quase todos os serviços pessoais, os preços de pensão, o habitat, se considerarmos o custo da manutenção e da renovação dos imóveis, o conserto por unidade (bombeiros, vidraceiros, eletricistas, garagistas, relojoeiros...); o custo da distribuição e uma grande parte dos produtos agrícolas[4].

É, antes de tudo, à modernização desse setor terciário que precisamos nos dedicar para acelerar o progresso social.

---

4. Para aprofundar o estudo da influência da produtividade sobre os preços na França, nos reportaremos a nossas obras *L'évolution des prix à long terme*, Presses Universitaires de France, 1969; *Pouvoir d'achat, prix et salaires*, Gallimard, col. "Idées", nº 374; *Pourquoi les prix baissent*, Hachette, col. "Pluriel".

CAPÍTULO III

Definições e medidas da produtividade

Agora que compreendemos a importância da noção de produtividade, é necessário precisar sua definição. De fato, a exposição e o desenvolvimento de qualquer ciência exigem a definição sólida das noções de base. Por outro lado, muitos homens de ação, dirigentes de empresa, chefes de serviço e engenheiros devem efetivamente medir a produtividade de sua empresa, de seu serviço ou de sua oficina, a fim de comparar sua situação com a da média das empresas e também tendo em vista acompanhar os progressos realizados pela utilização de novos métodos. De fato, a experiência mostra que a medição da produtividade é um dos meios mais eficazes que se pode empregar quando se trabalha para aumentar a eficiência de um negócio; essa medição torna-se rapidamente um elemento essencial de controle, comparável à medição das temperaturas na siderurgia ou à da acidez na química.

É por isso que, desde a origem da ação empreendida na França para aumentar a produtividade, os sindicatos profissionais e numerosas empresas privadas solicitaram o parecer, os conselhos e a ajuda material do Comitê Nacional de Produtividade para obter bons resultados com as medições que desejavam empreender. Um Centro de Estudos e de Medidas da Produtividade (C.E.M.P.) foi criado. Desde então, outros pesquisadores, principalmente L.-A. Vincent, consagraram-se a tais trabalhos[1]. O presente capítulo será constituído, em sua maior parte , por documentos ou números fornecidos por L.-A. Vincent, pelo C.E.M.P. ou pelas Comissões que sucessivamente se reuniram para preparar o trabalho e, depois, para prossegui-lo.

---

1. Cf. particularmente: ''Da contabilidade nacional aos cálculos de produtividade'', *Etudes et conjoncture*, agosto de 1958.

A definição precisa de produtividade é relativamente complexa; de fato, devemos considerar não apenas uma *produção* habitualmente heterogênea, mas também *fatores de produção* sempre difíceis de apreender em sua totalidade.

É preciso lembrar que, no sentido moderno do termo, entende-se por produtividade sempre uma *produção física* e nunca uma avaliação em valor da produção[2]. Daí decorre que nunca podemos comparar a produtividade num setor (a fundição de aço, por exemplo) com a produtividade num outro setor que fabrica um produto diferente (sapatos, por exemplo). De fato, a produtividade dos dois setores (por exemplo, fundições e fábrica de sapatos) será expressa por dois números, como os seguintes: 6 kg de ferro fundido por hora de trabalho; 0,2 par de sapatos por hora de trabalho. Ora, esses dois números são evidentemente impossíveis de se comparar.

Portanto, a produtividade apresenta-se sob a forma de uma fração cujo numerador exprime a quantidade física da produção estudada (em peso, em volume, em número de unidades etc.).

Quanto ao denominador, ele representa os fatores que foram necessários para obter essa produção. Desde 1944, L.-A. Vincent empregou um método muito interessante para avaliar e levar ao denominador todos os fatores que con-

2. Essa observação é mais importante na medida em que alguns autores dignos de estima — por exemplo, Colin Clark e, mais recentemente, Dayre na brochura *Productivité, mesure du progrès* — empregaram a palavra produtividade para designar expressões cujo numerador não é um volume físico de produção, mas uma avaliação em moeda do valor dessa produção.

O grupo de trabalho dos estatísticos, depois o Comitê Nacional da Produtividade e, em seguida, o Comitê das Questões Científicas e Técnicas da O.E.C.E. rejeitaram essa extensão da palavra produtividade, de um lado porque a noção de produtividade física já é suficientemente rica e, de outro, porque a noção de produtividade em valor conduz a confusões muitas vezes graves que apareceram particularmente em *The Conditions of Economic Progress*.

De nenhum modo, o que precede significa que as medições que levam em consideração o valor monetário da produção sejam inúteis. Significa apenas que é perigoso dar a essas medições o nome de produtividade; veremos adiante que os estatísticos europeus recomendam designá-las sob o nome de valor agregado por cabeça ou por hora de trabalho, ou, ainda, sob o nome de renda por cabeça.

correm para a produção[3]. Mas, devido a suas ligações com o problema dos preços, do poder de compra e do emprego da população ativa, a noção mais restrita de produtividade do *trabalho* retém atualmente, de uma maneira preponderante, a atenção dos economistas e dos homens de ação.

Para dar aos leitores a expressão mais precisa das definições admitidas agora, não podemos fazer nada melhor do que reproduzir os textos elaborados pelo Comitê das Questões Científicas e Técnicas da Organização Econômica de Cooperação Européia, sob parecer de seu Subcomitê da Produtividade e pelo Grupo de Trabalho do Comissariado do Plano, dito "medições da produtividade". Esses dois textos são complementares; o segundo pode ser considerado como um comentário do primeiro, explicitando certos problemas usuais[4].

A definição e os métodos de medição da produtividade são assim objeto — desde 1948 e a nível mundial — de trabalhos incessantes, tanto de economistas quanto de engenheiros, contadores e práticos. Podemos seguir seu desenvolvimento em *Etudes et conjoncture*, nas publicações da A.F.A.P., e nas da O.C.D.E., que editou o *Manuel des mesures de la productivité* (em três tomos) e publicou a *Revue des mesures de la productivité*. Entretanto, certos economistas escreveram ainda recentemente que a noção de produtividade continua vaga e insuficientemente precisa. Isso mostra apenas que eles não conhecem os estudos atuais. De fato, a colaboração dos engenheiros e dos economistas cria a cada dia instrumentos de medida cada vez mais eficazes, e cada vez mais indispensáveis para o comando das empresas e para a orientação econômica e social das nações.

---

3. *Le progrès technique en France depuis cent ans*, publicação do Instituto de Conjuntura, então dirigido por Alfred Sauvy, Paris, 1944.

4. A "terminologia da produtividade" foi publicada pela O.E.C.E. em dezembro de 1950; sendo relator L. A. Rostas e P. Young secretário do Comitê das Questões Científicas e Técnicas.

A "nota" do Grupo de Trabalho de Medições da Produtividade foi publicada em 1955 pelo Centro de Estudos e de Medições da Produtividade, sob o título de *Concepts et terminologie de la productivité*.

TERMINOLOGIA DA PRODUTIVIDADE[5]

A) Objetivo de um acordo sobre a nomenclatura

1. A palavra *produtividade* é tomada correntemente em sentidos muito diferentes uns dos outros; o objetivo desta nota é precisar o sentido no qual o *Grupo da Produtividade*, da O.C.D.E., emprega habitualmente o termo *produtividade do trabalho*; é também o de dar uma referência e definições claras aos termos empregados pelos técnicos europeus e uma base de comparação tão precisa quanto possível às medições efetuadas por eles em seus diversos países.

2. A produtividade é o quociente de uma produção por um dos fatores da produção. Fala-se assim da produtividade do capital, dos investimentos, das matérias-primas, conforme relacionemos a produção com o capital, com os investimentos, com as matérias-primas etc.

B) Produtividade sem outra qualificação significa produtividade do trabalho

3. A noção mais usual da produtividade é a produtividade do trabalho humano. Quando falamos de *produtividade* sem outra qualificação ou precisão, trata-se da produtividade do trabalho.

4. A produtividade do trabalho é o quociente da produção pelo tempo de trabalho necessário para alcançá-la. Essa relação assume uma significação científica se precisarmos, de um lado, a natureza e as condições técnicas da produção que figura como numerador e, de outro, os elementos considerados no cálculo do denominador.

5. Devemos notar que a produtividade da mão-de-obra é a medida da eficácia geral da utilização da mão-de-obra e não a do esforço produzido por esta. A produtividade resulta dos efeitos combinados de um grande número de fatores distintos mas interdependentes, como quantidade e qualidade do equipamento empregado, melhoramentos téc-

5. Texto publicado pela Organização Econômica de Cooperação Européia; original em inglês.

nicos, eficácia da direção, circulação das matérias-primas e das peças, utilização relativa das unidades de produção segundo seu grau de eficácia e, enfim, capacidade profissional e esforço dos trabalhadores.

6. Podemos medir as diferenças relativas de produtividade, comparando os resultados obtidos por uma firma, uma indústria etc., em dois períodos distintos ou em dois países ou regiões diferentes; ou ainda a produtividade de duas ou de várias unidades de produção (fábricas, firmas, companhias etc.). A comparação tem por objetivo indicar a situação de uma unidade de produção (firma, indústria ou nação) em relação aos resultados de outras unidades de produção ou a seus próprios resultados ao longo de um outro período; permitir a análise das causas profundas desse nível de produtividade, qualquer que ele seja, e melhorar a situação da unidade. A medição da produtividade e a análise simultânea de suas causas e de seus elementos podem, portanto, ser utilizadas para fins de análise econômica geral (ou seja, para avaliar, no presente e para o futuro, a produção nacional de um país ou de uma indústria, suas necessidades em mão-de-obra, seu potencial de concorrência etc.), mas também servem para julgar a eficácia da direção e da gestão das diversas fábricas, firmas etc. A medição da produtividade pode ser efetuada seja a partir de dados estatísticos existentes, seja reunindo diretamente dados para esse fim.

C) Definição da produção

7. A produção relaciona-se seja com uma operação (uma única máquina ou um único serviço), seja com uma fábrica, com uma companhia ou com uma indústria, seja com a economia nacional inteira, conforme o caso. A produção deve se referir a conjuntos de operações bem definidos.

É preferível avaliar a produção em termos físicos.

....

CONCEITOS E TERMINOLOGIA DA PRODUTIVIDADE
(excertos)[6]

1-1 — A produtividade

O sentido dessa palavra, que ganhou atualidade recentemente, evoluiu através dos tempos. Parece que a palavra apareceu, pela primeira vez, em autores muito antigos, principalmente numa obra do humanista Agrícola (*De re metallica* [*Dos metais*], 1530). Entretanto, seria apenas no século XVIII que a noção começaria a se tornar precisa com os trabalhos dos fisiocratas (Quesnay, 1766). O *Littré* (1883) dá a definição ''Faculdade de produzir'' e ela encontra-se ainda no *Larousse* (edição de 1946-1949).

No entanto, desde o início do século XX, os economistas já davam à palavra produtividade um sentido mais preciso, o de relação (mensurável) entre *produto* e *fatores*. Esse é, particularmente, o sentido que lhe atribuía explicitamente Albert Aftalion em seu artigo ''As três noções da produtividade e as rendas'' (*Revue d'économie politique*, 1911).

Esse significado novo é hoje consagrado na linguagem econômica. A produtividade já não é mais considerada como uma faculdade, uma aptidão, mas como um resultado, um efeito: a relação do efeito com o meio, do produto com os fatores.

1-11 — As produtividades relacionadas com diferentes fatores

Se relacionarmos a produção com um dos fatores, obteremos *a produtividade do fator considerado*. Tal é a noção geral admitida pela Organização Européia de Cooperação Econômica (O.E.C.E.), depois dos trabalhos de uma Comissão de Estudos presidida por Jean Fourastié.

De fato, lê-se no parágrafo 2 da *Terminologie de la pro-*

6. O texto que se segue (pp. 48-56) foi extraído da brochura editada pelo C.E.M.P., que tem por título *Concepts et terminologie de la productivité*. Essa brochura tem 80 páginas.

ductivité, publicada em dezembro de 1950 pela O.E.C.E.: "A produtividade é o quociente de uma produção por um dos fatores da produção. Fala-se assim da produtividade do capital, dos investimentos, das matérias-primas, conforme relacionemos a produção com o capital, com investimentos, com matérias-primas etc."

Precisa-se no parágrafo 3: "A noção mais usual da produtividade é a produtividade do trabalho humano. Quando falamos de produtividade sem outra qualificação tratase da produtividade do trabalho."

Resulta dessa definição que as medições de produtividade, relacionadas a um dos fatores, fazem intervir, na medida do possível, as relações de quantidades físicas.

Essas relações são formuladas ora sob a forma direta que acabamos de indicar (produção por unidade de fator), ora sob a forma inversa, a de um consumo específico por unidade de produto.

Utilizam-se em geral:

— *a forma direta* para medir a produtividade dos fatores fixos, como a terra agrícola (produção por hectare) e os capitais fixos incorporados nos equipamentos (produção por máquina etc.);
— *a forma inversa* (consumo por unidade de produto) para medir a economia de utilização dos fatores variáveis, como o trabalho humano, as matérias-primas, a energia... Por exemplo, a medição da produtividade da mão-de-obra numa oficina será feita avaliando-se o número de horas de trabalho de operário gastas por unidade de produto; da mesma forma será avaliado o rendimento de utilização dos combustíveis numa usina térmica em quilogramas de carvão consumidos por quilowatt-hora produzido.

É evidente que essa medição em quantidade físicas provoca numerosas dificuldades, que não podemos resolver aqui, mas que assinalamos de passagem: caso de produções complexas, caso de mudanças na qualidade, aparecimento de novos produtos ou serviços.

O interesse em utilizar essa noção de *consumo especí-*

fico por unidade de produto está em se chegar, desse modo, a grandeza aditivas (sob condição, naturalmente, de tomar uma unidade comum de medida). Por exemplo, faremos aparecer que a unidade de determinado produto é obtida adicionando tais consumos de mão-de-obra, energia, matérias-primas, equipamento etc.

Devido ao fato de utilizarem quantidades físicas, as noções de produtividade relacionadas a um dos fatores (ou de consumo específico) têm a vantagem de serem muito expressivas, facilmente acessíveis aos homens que trabalham com coisas práticas (engenheiros, funcionários de direção, operários).

Convém, no entanto, interpretar com discernimento essa noção de produtividade relacionada com um fator determinado. De fato, essa noção:

— não implica relação de causa e efeito entre o fator e o resultado e não pretende, por conseguinte, fornecer uma solução para o difícil problema da imputação[7];
— exprime, sob cada uma de suas formas, apenas um aspecto evidentemente parcial da relação entre a produção e o conjunto dos meios empregados[8].

1-12 — Noções sintéticas da produtividade

Por isso que é interessante considerar, ao lado da produtividade relacionada com cada fator, um grupo de noções sintéticas que põem em cena o conjunto dos fatores e que são obtidas combinando os efeitos de cada um deles.

Essa observação leva a definir notadamente *a produtividade global dos fatores e a produtividade integral do trabalho*.

---

7. Consideremos, por exemplo, um dos numerosos casos em que a produção por hora de trabalho aumenta quando se desenvolve a mecanização; salta aos olhos que o aumento de produção obtido por hora de trabalho não é imputável ao fator "trabalho".

8. No exemplo da nota precedente aparece que — quando se considera o resultado de conjunto — a economia de trabalho por unidade de obra é compensada, de certa forma, pelo aumento de consumo de capital.

1-13 — A produtividade global dos fatores

A produtividade global dos fatores pode ser definida como a relação do volume da produção *com o volume total dos fatores* despendido no ciclo de produção.

Tal é a noção expressa por Albert Aftalion no artigo já citado de 1911, que define a produtividade global como "a relação entre a produção total obtida num dado tempo e o conjunto dos agentes empregados nessa produção".

Na prática, essa produtividade global exprime-se da forma mais fácil por uma *estimativa em valor*, já que a produção em geral é heterogênea e que os fatores de produção sempre o são. Então, devem ser tomadas precauções *para eliminar os efeitos das variações de preços*, o que significa dizer que, nas medições comparativas, deve-se calcular tanto os valores dos produtos como os dos fatores com o auxílio de um sistema de preços normalizados. Resulta daí que os índices de produtividade obtidos (em relação a uma referência determinada) dependem do sistema de preços utilizado para fazer a comparação. Essa *relatividade da produtividade global com os preços de avaliação* foi claramente demonstrada em diversos trabalhos teóricos. Ver especialmente a obra de Jean Dayre, *Productivité, mesure du progrès* (p. 43).

Em resumo, o crescimento da produtividade global mede o balanço de conjunto das economias físicas realizadas sobre o consumo total dos fatores de produção. A redução do custo pode resultar de uma queda dos preços dos fatores ou de uma melhor utilização desses fatores. O crescimento da produtividade global dos fatores reflete assim a redução de custo obtida supondo-se que as flutuações dos preços sejam eliminadas. No entanto, essa avaliação deixa subsistir, como dissemos na alínea precedente, a influência da estrutura de preços escolhida como base.

A *produtividade global* pode ligar-se com as *produtividades específicas* dos diferentes fatores das quais ela representa uma *média ponderada*.

1-14 — Noções de produtividade que fazem intervir o trabalho integrado: a produtividade integral do trabalho. Os preços salariais

Paralelamente, outras pesquisas foram feitas visando medir a produtividade em relação *ao trabalho humano*, que se encontra na própria origem da maioria dos valores. De fato, todo dispêndio de matérias-primas, de equipamento ou de serviços de qualquer natureza reduz-se, mais ou menos, a um dispêndio de trabalho humano (o trabalho que foi necessário para produzir essas matérias, equipamentos e serviços). Chega-se assim — adicionando-se o "trabalho visível" e o " trabalho incorporado" nos outros fatores — a obter a noção de produtividade do trabalho total ou "trabalho integrado". Essa noção exprime, pelo inverso, o que custa a unidade do produto em trabalho humano.

Ela é esboçada, sob o nome de *produtividade total*, no parágrafo 15 da terminologia da O.E.C.E. Encontra-se desenvolvida, sob o nome de "produtividade global" ou "produtividade total líquida", numa nota do Grupo de Trabalho dos Estatísticos da Produtividade do Comissariado Geral do Plano. Dayre, na obra já citada, retomou essa noção sob o nome de produtividade integral do trabalho, a fim de distingui-la, ao mesmo tempo, da produtividade global dos fatores e das produtividades (bruta ou líquida) apenas do trabalho visível. Esse autor destaca as dificuldades de uma medição direta da *produtividade integral do trabalho* e mostra como o *preço salarial* fornece, sob certas reservas, uma medição indireta e aproximativa.

Podemos definir *o preço salarial* de uma mercadoria como o "preço avaliado em unidades de salário", obtido ao se dividir o preço monetário da mercadoria por um salário-hora-padrão, tomado como unidade de valor. Segundo a convenção adotada, esse salário-padrão pode ser o salário do trabalhador braçal de base ou a média ponderada dos salários de diferentes categorias, correspondendo ao trabalho total empregado no processo de produção. Demonstra-se que o preço salarial calculado sobre a base do salário-hora varia sensivelmente como o inverso da produtividade integral do trabalho.

Sem ir até o cálculo completo da produtividade integral do trabalho, pode ser útil, na prática, especialmente em comparações entre empresas, fazer medições nas quais certos fatores de produção — excluindo o trabalho (por exemplo: o equipamento e a energia) —, sejam avaliados em equivalentes de trabalho.

1-15 — Expressões da produtividade em valor líquido

Podemos — conservando a ótica da produtividade do trabalho e situando-nos *numa determinada fase do processo produtivo* — encontrar uma fórmula que dê conta da ação *combinada* dos diversos fatores da produção, do trabalho *visível* e dos outros fatores que lhe são associados? Nessa linha de pesquisa, somos levados a deduzir uma noção nova, *a produtividade líquida do trabalho*, *que corresponde* ao valor agregado por unidade de trabalho.

Para calcular essa produtividade líquida do trabalho, partiremos de uma avaliação do "produto líquido" ou valor agregado em função do trabalho. Em geral, esse produto líquido não pode ser expresso em volume físico; portanto, será medido em valor, lembrando as condições que isso implica (cf. parágrafo 1-13 acima). O produto líquido será, por conseguinte, definido como a diferença entre o valor bruto da produção e o valor total de todos os outros fatores despendidos no ciclo de produção (inclusive os serviços do capital). Para o rigor das comparações, esses valores de produtos e de fatores devem ser calculados segundo um sistema normalizado de preços e não com os preços variáveis do mercado.

Se dividirmos, em seguida, o produto líquido calculado dessa forma pela quantidade de trabalho visível despendido no ciclo de produção, obteremos a produtividade líquida do trabalho. Chegaremos a expressões matizadas segundo as quantidades de trabalho (avaliadas, por exemplo, em horas) sejam fornecidas por uma simples adição ou sejam ponderadas, de acordo com a natureza das tarefas, por coeficientes apropriados de qualificação ou de laboriosidade.

A noção de produtividade líquida do trabalho apresenta uma propriedade interessante nos estudos relativos à produtividade nacional. De fato, podemos demonstrar que, em relação a um dado período de referência, o índice da produtividade de conjunto do trabalho nacional coincide com a média ponderada pelas quantidades de trabalho dos índices de produtividades líquidas do trabalho dos diversos ramos da economia nacional (ver a esse respeito J. Dayre, *op. cit.*, capítulo VII e p. 61). Convém, no entanto, utilizar esse índice com discernimento, pois suas variações, a nível de uma empresa ou de uma indústria, nem sempre refletem exatamente o movimento da produtividade global dos fatores.

A noção de produtividade líquida, que acaba de ser formada em função do trabalho visível, pode ser estendida a outros fatores de produção. É assim que se definirá, de maneira análoga, uma produtividade líquida do equipamento, da energia ou de tal outro fator particular.

Nesse sentido, podemos conceber a produtividade líquida da *empresa* (e já não unicamente do trabalho variável) como traduzindo a ação combinada desses fatores internos: trabalho e capital. Nessa concepção, o produto líquido da empresa é a diferença entre o produto bruto e o total dos fatores externos (excluído o capital). Esse produto líquido está relacionado com o complexo formado pela associação do trabalho e do capital.

1-16 — **Resumo das diversas noções de produtividade**

Podemos representar o processo de produção pelo seguinte esquema:

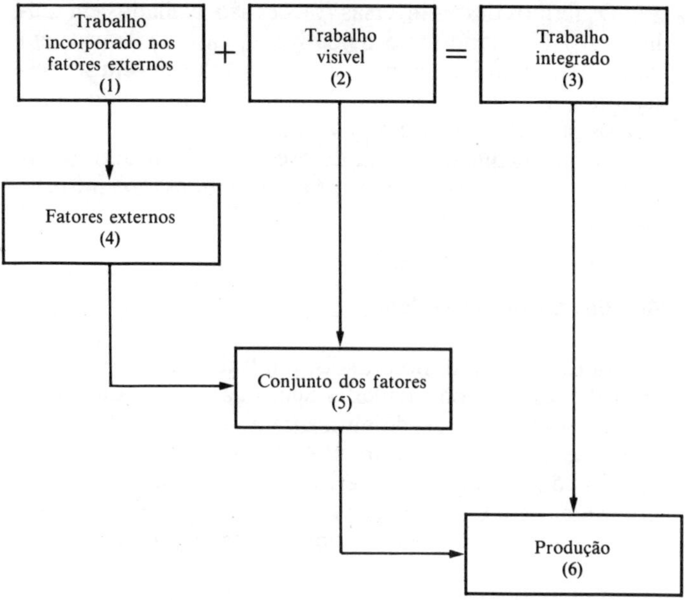

As diversas noções de produtividade podem ser representadas pelas fórmulas abaixo:

$$\text{Produtividade relacionada com o trabalho} = \frac{\text{Produção (6)}}{\text{Trabalho visível (2)}}$$

$$\text{Produtividade relacionada com outro fator particular} = \frac{\text{Produção (6)}}{\text{Quantidade desse fator (4)}}$$

$$\text{Produtividade global dos fatores} = \frac{\text{Produção (6)}}{\begin{array}{c}\text{Conjunto dos fatores (5)}\\ \text{Trabalho visível + outros fatores}\end{array}}$$

$$\text{Produtividade integral do trabalho} = \frac{\text{Produção (6)}}{\begin{array}{c}\text{Trabalho integrado (3)}\\ \text{(Trabalho visível+trabalho incorporado)}\end{array}}$$

$$\text{Produtividade líquida do trabalho} = \frac{\begin{array}{c}\text{Produto líquido/(6)-(4)/}\\ \text{(Produção — Fatores externos)}\end{array}}{\text{Trabalho visível (2)}}$$

Os termos dessas diversas frações são avaliados em unidades físicas quando isso é possível e, caso contrário, em valor. As estimativas comparativas em valor devem ser feitas utilizando-se um sistema de preços normalizado tanto para os produtos quanto para os fatores; devemos, além do mais, lembrar que o sistema de preços normalizado, qualquer que ele seja, exerce sobre as cifras obtidas uma influência que é impossível eliminar.

Medidas da produtividade

Já foi realizado, no mundo, um trabalho considerável de medições de produtividade. Sem falar das medições de produtividade da mão-de-obra direta — efetuadas anualmente desde 1895 pelo Bureau of Labor Statistics do Ministério do Trabalho americano, nem das medições publicadas pela U.R.S.S. por ocasião dos primeiros planos qüinqüenais —, os trabalhos sobre esse tema multiplicaram-se há alguns anos em grande número de nações.

Podemos classificá-las em dois grandes grupos: as que têm por objetivo, principalmente, seguir uma evolução no tempo e em geral são fornecidas na forma de número-índice; e as que têm por objetivo, principalmente, as comparações no espaço e se exprimem em geral em unidades concretas.

Por outro lado, essas duas grandes classes subdividem-se em estatísticas elementares (de oficina ou de fábrica) e em estatísticas globais (a nível nacional ou profissional); essas estatísticas globais são obtidas por síntese ponderada das produtividades elementares. Certos estatísticos chegam até a calcular a produtividade do conjunto da economia nacional, mas eu mostrei que esses cálculos não têm outros significados senão aqueles que resultam da pesquisa da renda nacional real a preços constantes, que são ilusórios a longo prazo[9].

9. Cf. *Vues anglo-saxonnes sur l'avenir économique du monde*, estudo da 2ª edição de *The conditions of Economic Progress*, na revista *Critique*, junho de 1951. É curioso notar que, exatamente quando esse artigo estava sendo escrito, o Comissariado do Plano da U.R.S.S. tomava consciência dos inconvenientes que representava para ele o cálculo da renda

A elaboração das estatísticas globais é repleta de dificuldades. Só pode ser abordada por estatísticos consumados; os professores Fabricant, nos Estados Unidos, e Rostas, na Inglaterra, lançaram as bases dessa técnica em trabalhos cuja autoridade é mundial[10].

Evidentemente, não pensamos reproduzir aqui as mais importantes dessas estastísticas; seria necessário um compêndio para isso. Daremos apenas alguns exemplos.

O primeiro permite comparar as produtividades totais brutas de diversas indústrias nos Estados Unidos, na Alemanha e na Grã-Bretanha por volta de 1935-1937; os cálculos são de Rostas. Os números permitem constatar que, em seu conjunto, as produtividades industriais eram próximas na Alemanha e na Grã-Bretanha (diferença de 7%); em compensação, a produtividade média nos Estados Unidos passava desde essa época do dobro da produtividade da Grã-Bretanha (238%). Marvin Frankel encontrou diferenças análogas para o período 1947-1948 (média geral da relação E.U.A./G.-B.: 244%)[11].

O segundo exemplo destacará os trabalhos efetuados na França por L.-A. Vincent. Pioneiro da medição do progresso técnico, Vincent, que hoje é inspetor geral no I.N.S.E.E., trata, há vários anos, do cálculo da produtividade da economia francesa dos últimos cinqüenta ou sessenta anos. As estatísticas de "produtividade global dos fatores", que figuram no anuário do I.N.S.E.E., são de sua autoria[12]. Ele publicou recentemente uma evolução da pro-

---

nacional a preços constantes, e renunciava a essa estatística que elaborara todos os anos desde 1927. Ver também o tomo III do *Manuel des mesures de la productivité* (O.E.C.E.), já citado na p. 43, e *La mesure du progrès economique*, por J. e Jean Fourastié, em *Les sciences sociales, problèmes et orientations*, Unesco, 1968.

10. L. Rostas, *Comparative Productivity in British and American Industry*, Londres, Nl. Instit. of Econ. and Social Research, 1949; S. Fabricant, *Employment in Manufacturing*, Nova Iorque, Nl. Bureau of Econ. Research, 1949.

11. Enfim, D. Page e G. Bombach ainda retomaram o problema (O.E.C.E., 1959). Cf. também *Europe's Needs and Resources*, op. cit., p. 759.

12. Cf. por exemplo: *Annuaire statistique de la France*, ano 1963, p. 431. Cf., também, "A produtividade nacional na França de 1949 a 1962", *Etudes et conjoncture*, julho de 1963.

dutividade por hora de trabalho e por pessoa ativa, de 1896 a 1962, para 21 ramos da atividade econômica[13].

O quadro 6 destaca o fato já bem conhecido, através dos estudos de preços reais, de que a primeira guerra mundial estimulou em muito a produtividade na França, enquanto a segunda a deprimiu; em 1949, quatro anos após o armistício, os principais ramos da indústria francesa não haviam recuperado sua produtividade de 1938; enquanto que quatro anos após o armistício de 1918, a indústria francesa ganhara entre 20 e 25% sobre 1913. No período recente, marcado pela crise, a produtividade aumenta de novo de forma menos rápida.

Quadro 6

Produção por hora de trabalho na França de 1896 a 1962

Índices-Série

(O início de cada período é fixado em 100)

	1913/1896	1924/1913	1949/1938	1962/1949
Agricultura	135	116	124	234
Borracha	144	321	98	180
Indústrias químicas	159	136	86	249
Indústrias têxteis	149	126	90	214
Comércio	123	127	85	173
Indústria da construção, obras públicas	127	113	89	153
Conjunto dos 21 ramos	136	125	107	200

Por outro lado, os quadros 6 e 7 confirmam um fato que não era conhecido até recentemente e que apenas a passagem do tempo e a precisão das medições podiam revelar: é que, atualmente, na França, a agricultura progride tecnicamente tanto ou mais quanto a média da indústria. Sobre a base 1896-100, encontramos para a produtividade agríco-

13. *Population active, production et productivité dans 21 branches de l'économie française (1896-1962)*, por L.-A. Vincent (I.N.S.E.E., documentação poligrafada, junho de 1964).

Quadro 7

Produção e produção por hora de trabalho

(Índices do ano 1962 para 1896 = 100)

	Produção	*Produção por hora de trabalho*
Eletricidade*	4.520	1.460
Borracha	11.500	1.370
Papel, papelão	1.180	837
Vestuário, trabalho com tecidos	190	800
Agricultura	224	705
Indústrias químicas	2.940	690
Imprensa, edição	1.070	670
Indústrias têxteis	218	550
Gás	487	493
Transportes, P.T.T.**	667	446
Couros e peles	150	403
Vidro, cerâmica, materiais de construção	325	398
Indústrias extrativas diversas	348	392
Indústrias agrícolas e alimentícias	304	364
Transformação de metais	750	334
Comércio	340	296
Produção de metais	555	277
Madeira, mobiliário	175	220
Indústria da construção, obras públicas	322	210
Combustíveis, minerais sólidos	166	170
Conjunto dos 21 ramos		500

* Para a eletricidade, os índices foram calculados apenas no período 1913-1962 (49 anos).

** *Postes, Télégraphe, Téléphone* (Correio, telégrafo, telefone), como se chamava antigamente o Ministério dos Correios e Telecomunicações, sendo mantida tal sigla, no entanto, para designá-lo. (N. T.)

la 157 em 1924 e 188 em 1929, contra 171 e 198 para o conjunto dos 21 ramos estudados por L.-A. Vincent: esses números estão nas ordens de grandeza clássicas. Em compensação, desde 1938, a agricultura atinge 243 contra 236 para os 21 ramos. *De 1949 a 1962, a produtividade agrícola pulou para 234% contra 200% para o conjunto dos 21 ra-*

Quadro 8

Índice da produtividade horária aparente do trabalho

(Base 100: ano precedente)

Ramo econômico	*1971*	*1973*	*1974*	*1975*	*1987*
Indústrias agrícolas e alimentícias	108,5	104,1	98,8	110,1	94,3
Energia	109,8	112,5	107,3	98,1	103,6
Indústrias de bens intermediários	102,9	107,6	102,3	89,9	104,8
Indústrias de bens de equipamento	108,3	106,3	104,8	104,1	—
Indústrias de bens de consumo	107,9	102,3	108,0	100,7	100
Indústria da construção, engenharia civil e agrícola	104,9	101,1	104,2	109,0	102,7
Comércios	106,8	104,0	100,8	101,3	99,4
Transportes e telecomunicações	105,1	106,3	103,7	97,2	104,3
Serviços mercantis	105,7	103,3	102,6	107,6	99,3
Aluguel e crédito-arrendamento imobiliários	104,9	97,7	102,4	102,3	—

Fonte: *Anuário estatístico da França.*

Quadro 9

Dados retrospectivos e tendências de evolução da produtividade a longo prazo em certos setores industriais na França[14]

1 — *FUNDIÇÕES FERRO GUSA E AÇO*

	Em	
	1865	*1938*
Produção por:		
Ano de operário (em t)	7,5	11,9
Dia de operário (em kg)	25,9	41
Hora de operário (em kg)	2,2	6,0
Tempo de trabalho por unidade de produção		
Tempo (min) necessário por kg*	27,3	10

2 — *CIMENTOS*

	1865	*1948-1949*
Produção por:		
Ano de operário (em t)	75,6	550
Dia de operário (em kg)	330	1.900
Hora de operário (em kg)	27,5	275

* Em 1800-1825, 36 min/kg

14. Trabalho do Serviço de Estudos e Medidas da Produtividade do Comitê Nacional da Produtividade. Encontraremos outras avaliações dos progressos realizados a longo prazo no notável trabalho já citado de L.-A Vincent, *Le progrès technique en France depuis cent ans*. Estas foram efetuadas a partir dos recenseamentos industriais de 1815, 1845 e 1865.

Tempo de trabalho por unidade de produção

Tempo necessário por t (hora e centésimo de hora)	36 h 57	3 h 63

3 — *TIJOLOS MACIÇOS*

Produção por:	*1865*	*1949*
Ano de operário (em t)	100	560
Dia de operário (em t)	0,54	1,93
Hora de operário (em kg)	45	280

Tempo de fabricação

Tempo (min) necessário por tijolo	3,60	0,58

4 — *VIDROS CÔNCAVOS MECÂNICOS**
(em 1948, garrafas em 1865)

Produção por:	*1865**	*1948*
Ano de operário (em t)	15,5	42,2
Dia de operário (em kg)	57	146
Hora de operário (em kg)	4,75	20,3

tempo de trabalho por unidade de produção

Tempo (em minutos) por kg	13	3

5 — *VIDRO PLANO*
(em 1948, vidro para vidraça em 1865)

Produção por:	*1865*	*1948*
Ano de operário (em t)	3,97	30,2
Dia de operário (em kg)	15,0	107
Hora de operário (em kg)	1,25	14,0

tempo de trabalho por unidade de produção

Tempo (em minutos) por kg	48	4,3

6 — *FIAÇÃO DE ALGODÃO*

Produção por:	*1813*	*1865*	*1950*
Ano de operário (em t)	155	930	6.032
Dia de operário (em kg)	0,52	3,1	208
Hora de operário (em g)	43	258	2.500

Tempo de fabricação

	1813	*1865*	*1950*
Tempo necessário para 1 kg	25 h 20	4 h	23 min

* Os dados relativos a 1825 não permitem separar o vidro plano do vidro côncavo. Admitindo-se uma produção composta em 20% de vidro para vidraça e 70% de vidro para garrafa, encontramos para 1825 a mesma produtividade que para 1865: 13 min por quilograma.

Nota: Em todos esses quadros a palavra ''operário'', utilizada nas expressões ''ano de operário'' é tomada no sentido amplo de ''assalariado''.

mos. Desde 1980, o crescimento foi de 175% contra 125% para o conjunto dos ramos.

O quadro 7 exige outros comentários; a colocação da indústria química após a agricultura é realmente inesperada.

É claro que o progresso da produtividade não parou em 1962. Pelo contrário, acelerou-se, e os anos 1969-1973 foram particularmente brilhantes. Encontramos no final do volume algumas medições da evolução recente. Aqui, o quadro 8 mostra qual foi, de 1970 a 1987, a evolução de alguns grandes ramos. Os números do quadro 8, originários da estatística nacional, são, portanto, valores agregados a preços constantes por hora de trabalho.

Acumulado em cinco anos, de 1970 a 1975, o progresso atingiu 30% nas indústrias agrícolas e alimentícias, ultrapassando 20% na indústria da construção e na engenharia civil, e atingiu 15% no comércio. São números estupefacientes que, em sua maioria, prolongaram-se desde então.

O terceiro exemplo (quadro 9) evoca a evolução a longo prazo na França da produtividade da mão-de-obra direta para alguns setores.

Enfim, o quadro 10 dá um exemplo dos trabalhos efetuados pelos organismos profissionais franceses em ligação com os trabalhos de Rémery e de Prévot. Num certo número de fábricas — designadas aqui por um número — medem-se os tempos médios necessários para realizar uma produção bem definida; aqui, a fabricação de sapatos tipo "Good Year" e "misto". O quadro mostra que a fábrica 14 — sem dúvida melhor quanto ao conjunto da fabricação (um par de sapatos em cento e catorze minutos) — tem, no entanto, muito o que aprender com a fábrica nº 20 no que concerne ao acabamento e à preparação, embora esta necessite no total de duzentos e nove minutos para fazer um par de sapatos.

Quadro 10

Tempo médio de mão-de-obra direta por oficina na indústria de calçados na França — em minutos por par[15]

Fábrica	*Corte*	*Pesponto*	*Preparação*	*Montagem Fabricação*	*Acabamento*	*Total*
Good Year:						
Nº 14	12,5	35,2	13,5	12,9	39,5	113,6
— 20	17	103	10,5	62,5	16	209
— 92	26	71	19	45	52	213
— 6	24	60	24	54	42	204
— 19	25,6	70	14,9	69,5	86	266
Misto:						
Nº 4	14	30	13	41,5	12	110,5
— 29	11,7	43,3	11,1	20,1	24,8	111
— 5	19	42	50	70	15	196

Portanto a medição estatística está intimamente ligada à ação para aumentar a produtividade.

15. Trabalhos efetuados em comum pela Federação Nacional das Indústrias de Calçados, pelo Ministério da Produção Industrial e pelo Serviço de Estudos e Medidas da Produtividade do Comitê Nacional da Produtividade.

Designam-se por *Good Year* e *Misto* tipos clássicos de produtos.

SEGUNDA PARTE

MEIOS PARA AUMENTAR A PRODUTIVIDADE

Já que a produtividade é a variável motriz que engendra o progresso econômico, é natural que os homens se esforcem para aumentá-la por todos os meios ao seu alcance. Vimos, em particular, que o aumento da produtividade do trabalho é praticamente o único meio de que dispomos para aumentar o poder de compra dos assalariados e o nível de vida do conjunto dos cidadãos; de fato, todos os outros meios são apenas modalidades de distribuições da renda nacional e têm pouca ou nenhuma ação sobre o volume total dos bens a dividir. Da mesma forma, apenas o aumento da produtividade permite reduzir o tempo de serviço dos adultos, aumentar o tempo de escolaridade das crianças, assumir a responsabilidade por um número crescente de velhos sem reduzir o nível de vida e o poder de compra. Enfim, apenas uma alta produtividade permite a uma nação ter um poder econômico suficiente para não ser dominada ou para não ser ameaçada por outros povos. O objetivo de seu crescimento confunde-se, portanto, com os objetivos do progresso social.

Essa conscientização sobre as verdadeiras *condições* do progresso social explica o alarde feito de alguns anos para cá em torno da noção de produtividade e motiva os esforços efetuados em todos os países para seu aumento.

Produtividade por cabeça e rendimento em produtos

Existe, com freqüência, uma oposição entre produtividade e rendimento, no sentido de que a produtividade crescente vai de encontro, muitas vezes, à lei dos rendimentos decrescentes. Por exemplo, se só se extraíssem, na França, 20 milhões de toneladas de hulha por ano em vez de 50, poderíamos explorar apenas nossas minas mais ricas e, em conseqüência, esperar uma produtividade horária de pelo menos o dobro da que, de fato, obtemos hoje.

O fenômeno é particularmente claro na agricultura. No conjunto das duas nações, o agricultor americano alimenta duas vezes mais pessoas do que o agricultor francês e sete vezes mais do que o agricultor brasileiro. Mas, em parte, esses números resultam do fato de que, atualmente, nosso rendimento médio em quintais de trigo por hectare é da ordem de 45, ao passo que é apenas de 25 nos Estados Unidos. Se a densidade populacional da França não fosse superior à dos Estados Unidos, poderíamos semear trigo apenas em nossas melhores terras, praticar uma cultura mais extensiva, e, talvez, nossa produtividade média fosse mais que duplicada unicamente por isso. A densidade populacional é um dado essencial da produtividade do trabalho. Seria, em geral, tecnicamente fácil aumentar a produtividade numa nação em detrimento da produção; mas uma tal evolução tem o duplo efeito contraditório de baixar o preço de custo e aumentar a escassez; longe de resultar no crescimento do poder de compra, ela o restringe; longe de provocar a queda dos preços reais, ela aumenta as rendas. A situação, portanto, não seria estável, e a própria escassez obrigaria a aumentar a produção.

Portanto, o problema do aumento da produtividade só tem sentido desde que a produção seja suficiente para cobrir as necessidades.

Mais precisamente: o aumento de produtividade, a nível nacional, deve ser acompanhado de um aumento concomitante de produção, a fim de satisfazer as demandas resultantes do aumento do poder de compra, que resultam normalmente da redução do preço de custo. Ora, a característica econômica essencial do período que estamos vivendo é justamente que o homem encontra o meio de aumentar, ao mesmo tempo, os rendimentos em gêneros e a produtividade horária de seu trabalho. E a ação deve visar esse duplo resultado.

As causas e, em conseqüência, os meios do aumento da produtividade são fáceis de identificar. Para reconhecê-los, basta estudar as produções, os ofícios, as empresas, as profissões, as nações, para os quais registraram-se importantes progressos de produtividade e compará-los com as produções e os ofícios para os quais nenhum progresso foi realizado. Evidencia-se assim o que existe num caso e falta no outro.

O resultado dessas análises mostra que a causa e, portanto, o meio para aumentar a produtividade são sempre a aplicação de *um progresso científico*. O progresso científico engendra o progresso técnico, que se mede por um progresso de produtividade; o progresso econômico engendra o progresso social.

Os domínios científico, técnico, econômico e social estão unidos por laços de dependência estreita; o progresso social é comandado pelo progresso econômico; o progresso econômico pelo progresso técnico; o progresso técnico pelo progresso científico.

É evidente, aliás, que é preciso considerar aqui a palavra científico num sentido muito amplo: *não se trata apenas das ciências físicas*, como a eletricidade, a termodinâmica ou a química; trata-se também, e cada vez mais, das *ciências humanas* e das *ciências sociais*: psicologia e fisiologia do homem no trabalho, relações humanas, organização da empresa e da nação, ciências econômicas etc.

Assim, o esforço para o aumento da produtividade resume-se na aplicação das descobertas da ciência ao trabalho humano; é essa encarnação da ciência nos fatos que chamamos de progresso técnico.

Mas, se é assim, parece não haver nada de novo nos esforços atuais para aumentar a produtividade, já que as nações ocidentais entraram há duzentos e cinqüenta anos na via do progresso científico acelerado e que colhemos os frutos do imenso esforço dos Pitágoras, Arquimedes, Galileu, Pascal e Newton. No entanto, a novidade e o valor do esforço atual resultam de uma conscientização muito mais clara do que no passado dos laços que unem os diferentes fatores do progresso humano. A produtividade depende acima de tudo da *solidariedade* das ciências humanas e das ciências físicas, da *solidariedade* dos homens, da *solidariedade* dos tempos[1].

---

1. Cf. exposição de Pierre Grimanelli, então secretário-geral do Comitê Nacional da Produtividade, nas Jornadas de Estudos da Construção Elétrica; Grenoble, abril de 1952. Cf. também a exposição de Grimanelli

O verdadeiro fator do aumento da produtividade não é de ordem técnica: a ciência é a mesma para todos os homens; nossos grandes ancestrais, que a fundaram e desenvolveram, divulgaram-na; as nações ocidentais de civilizações cristãs que criaram a ciência moderna nunca a mantiveram secreta. E, no entanto, as diversas nações do mundo atual estão muito longe de terem obtido o mesmo benefício. Ainda hoje, um terço do gênero humano vive quase nas mesmas condições em que se encontrava a Europa no momento das invasões bárbaras.

Portanto, a filosofia das civilizações e a mentalidade das populações têm um papel muito importante em nosso assunto; consagraremos a isso um curto capítulo antes de estudar os fatores propriamente mais econômicos e as linhas gerais dos esforços atualmente empreendidos.

---

na reunião dos Centros Europeus de Produtividade, reproduzida na revista *Productivité*, maio de 1952. Essas exposições ainda permanecem atuais.

Do mesmo modo, tomaremos conhecimento da exposição feita pelo mesmo autor no Centro de Pesquisas e de Estudos dos Dirigentes de Empresas, sob o título: *Facteurs humains de la croissance économique* (Jouy-en-Josas, dezembro de 1964).

CAPÍTULO IV

Produtividade e mentalidade

Sob certos pontos de vista, a recente conscientização do fênomeno "produtividade" é um mistério. De fato, parece que, desde o aparecimento do progresso técnico, a humanidade teria se preocupado em medi-lo e em medir seus efeitos. Ora, o progresso técnico não é recente. Sem dúvida, ele só teve poderosas conseqüências sociais a partir de 1800 ou 1830. É o que chamamos de "revolução industrial". É, portanto, relativamente tardio; não tem mais de cento e cinqüenta anos. Mas, pelo menos, como é que desde 1830 a noção de produtividade não está no centro das preocupações científicas e políticas? Por que esse atraso, uma vez que esse despontar das técnicas claramente subverteu a vida econômica, política e social? E por que o progresso técnico, a partir de 1830, não interessou a um sequer dos cidadãos?

Mas há um fato ainda mais notável: o progresso técnico já existia antes de 1830; ele tinha menos importância social, seu caráter transformador era menor, porque se tratava de fatos localizados ou esporádicos. Mas, no entanto, todo mundo está de acordo em reconhecer que o progresso técnico é quase tão velho quanto a humanidade, já que, justamente, definimos o homem pela utilização da ferramenta; a ferramenta é claramente um progresso técnico, ela aumenta a produção por unidade de tempo. Esse fenômeno produtividade é, portanto, tão velho quanto a humanidade.

Além disso, ele era extremamente claro em certos ramos. Ao longo de todo o Antigo Regime francês, foram observados intensos progressos técnicos, como, por exemplo, o da fabricação dos espelhos e dos vidros.

Assim, como é que a idéia de produtividade não foi precisada desde a realização desses progressos técnicos nos espelhos e nos vidros ou na fabricação de objetos de ferro, de aço ou de bronze? Os efeitos da produtividade já eram visíveis na vida social; desde essa época havia migrações de população ativa em função dos ofícios que se beneficiavam desse progresso; depois, refluxos, a partir do momento em que as novas produções ultrapassavam o consumo possível de ser absorvido pelo mercado. Já havia, naturalmente, efeitos sobre os preços, e consideráveis. Como foi, portanto, que os homens não se preocuparam mais com esse problema?

I. Os obstáculos que retardaram a conscientização sobre a produtividade

Essa questão nos coloca face a um fenômeno de mentalidade coletiva, que é interessante estudar, para compreender melhor os obstáculos que, ainda hoje, opõem-se ao estudo e ao progresso da produtividade. Pois a humanidade não passou do nada para o tudo e, em alguns anos, não passa do nada para o tudo. Estamos face a um fenômeno que acaba de ser descoberto; a consciência desse fenômeno ainda não impregnou o conjunto dos homens. Não é em alguns instantes ou em alguns anos que passamos do desconhecimento total de um fenômeno à sua compreensão profunda; os próprios técnicos só têm idéias bastante sumárias do fenômeno. É preciso, portanto, admitir que a humanidade não tem uma propensão natural para se interessar por isso.

Como explicar esse atraso entre o estudo de um fato e o aparecimento desse fato, o atraso entre a realidade e a consciência que a humanidade tem dessa realidade?

1. *A humanidade tem pouca consciência das condições impostas à vida pela natureza* — O leitor compreende facilmente que, colocada assim, a questão não é própria apenas da produtividade. Pode-se dizer que é própria à história de toda ciência. Sempre há defasagens consideráveis entre os fatos científicos mais importantes e o momento em que a humanidade deles toma consciência. Há cinqüenta ou cem mil anos que existem homens mais ou menos semelhantes a nós, capazes de desenhar nas paredes das cavernas cenas que, do ponto de vista estético, ainda nos parecem excelentes; se não houvesse defasagens como a que me refiro, com

toda a certeza a ciência estaria muito mais avançada do que está. É preciso compreender que a consciência da humanidade é uma coisa muito recente e que nossas aquisições do conhecimento objetivo do meio exterior ainda são elementares.

Por conseguinte, esse é um fenômeno característico da natureza humana; só difícil e lentamente que a humanidade tem consciência das condições naturais em que vive; ela representa as coisas para si de uma maneira muito mais intelectual (dita "racional"), ou muito mais imaginativa do que objetiva. Temos muito mais uma ideologia da vida do que um conhecimento científico dela.

Isso é uma razão de ordem muito geral e *muito importante* da lentidão dos progressos humanos. Se quisermos tentar conhecer as resistências à idéia de produtividade, será preciso que examinemos com precisão os numerosos obstáculos que, derivando do precedente, impediram os homens de se dedicarem mais cedo ao problema.

2. *Produção e produtividade* — Como a noção de produtividade acabou se impondo aos homens que, agora, preocupam-se com isso?

Ela surgiu progressivamente de duas noções anteriores, que eram admitidas por todos os economistas, por todos os homens de ação; a primeira, há cerca de duzentos anos, e a segunda mais recentemente.

A primeira noção é a de produção. Esta é, atualmente, mais ou menos bem compreendida pela maioria dos homens responsáveis pelo destino de um país. Eu digo "mais ou menos" bem compreendida, pois isso não merece coisa melhor. De fato, em todos os tratados de economia política figura a grande divisão: produção, consumo, distribuição. Por conseguinte, a produção sempre foi considerada como uma das bases da vida econômica. Entretanto tem-se dela, em geral, uma noção muito abstrata, que consiste em estudar, de uma vez por todas, certas regras gerais de produção; em geral, fala-se da indústria e do comércio sem estudo das *técnicas* de produção; além disso, com muita freqüência, perdemos de vista, por exemplo, as relações imediatas que existem ente a produção e o consumo. No entanto, não se pode consumir o que não é produzido. Mas há na vida moderna tamanhas defasagens e distorções entre a produção e o consumo de um indivíduo que chegamos com muita facilidade a reivindicar, por exemplo, aumentos do poder de compra através do aumento da taxa monetária dos salários, ou a reivindicar aumentos gerais do poder de compra *acompanhados* de reduções gerais da jornada de trabalho, o que, evidentemente, é uma coisa tipicamente oposta às realidades econômicas. Isso se deve, muito simplesmente, ao fato de já não produzirmos individualmente o que consumimos.

Meu avô plantava trigo e batatas e comia esse trigo e essas batatas. Mas eu produzo livros e cursos, sem comer nem livros nem conferências. Da mesma forma, você produz energia elétrica ou apólices de seguro, mas come bife. É essa distorção entre nossa produção e nosso consumo *individual* que nos oculta a realidade coletiva. De um lado, temos a impressão de que poderíamos trabalhar menos sem que isso diminuísse a quantidade do bife oferecido à população francesa; e, de outro, temos a impressão de que — se, em vez de ganhar o que ganhamos, recebessemos um salário dobrado — isso não diminuiria a ração média de cada francês e aumentaria a nossa.

No entanto, essas duas proposições são falsas. De fato, a interdependência dos fenômenos econômicos é tal que, quando um setor funciona mal, a produtividade do conjunto da nação diminui, e que, finalmente, só há eficácia nos Estados modernos devido, justamente, a essa especialização dos trabalhadores. Aparentemente, ninguém é indispensável ao nível de vida da nação. Aparentemente, qualquer um de nós pode parar de trabalhar ou trabalhar muito mal sem que os outros sofram com isso; ele mesmo não sofrerá se conservar seu salário. Mas, de fato, o que você não produziu não será consumido, e você reduzirá o nível de vida de todos ao reduzir sua produção.

Por exemplo, nas economias modernas assistimos ao desenvolvimento crescente de todos os setores administrativos, comerciais, de transportes etc. Esses setores parecem, na origem, "improdutivos" (ainda são chamados às vezes dessa forma), porque não têm uma ação física sobre a produção; mas é sua ação que permite aos produtores físicos produzir mais do que há cem ou duzentos anos.

Há ali uma espécie de desvio, que faz com que só possamos aumentar a produtividade nos setores físicos ao preço de longas previsões e de longos trabalhos intelectuais, administrativos, contábeis, jurídicos, científicos que, aparentemente, nada têm a ver com a produção de base, mas de fato a condicionam. A prova disso é que não conhecemos um único país com grande produção em que não haja, simultaneamente, administrações, quadros administrativos e empregados em grande número, o que chamamos de "colarinhos brancos".

Há no mundo, atualmente, países em que 97% das pessoas são produtores físicos, que sequer sabem ler ou escrever; há outros países em que o número desses produtores físicos não passa de 40%. Poderíamos acreditar, *a priori*, que é nas primeiras nações que a produção é mais forte; você sabe que não é nada disso. Chegamos então a essa idéia fundamental de que *é escrevendo que melhor produzimos batatas*.

Conseqüentemente, a própria noção de produção teve, nesses últimos anos, uma evolução muito importante. Foi preciso tornar essa noção mais concreta, mostrando a interdependência das produções e a ação de uma produção puramente intelectual sobre uma produção de base. Por outro lado, foi preciso mostrar, com muito mais clareza do que se fazia até então, as intercomunicações entre a produção e o consumo, de tal modo que, se a produção for reduzida, o poder de compra será necessariamente reduzido na mesma proporção.

II. Produtividade e custo (ou preço de custo)

A segunda noção que interveio para a conscientização sobre a produtividade é a noção de preço de custo ou custo. A noção de preço de custo é propriamente contábil e tornou-se essencial em qualquer empresa que produz bens ou serviço. Contudo, o preço de custo é também uma rotina recente: pode-se dizer que, antes de 1920, era praticamente desconhecida. É mais uma prova do quanto o avanço da humanidade é recente constatar que, na prática, uma das peças essenciais ao bom equilíbrio das empresas não era reconhecida nem utilizada há menos de cinqüenta anos.

De onde vem a consideração do preço de custo? Diz-se, com freqüência, que ela se deve à instabilidade monetária, que, agora, obriga as empresas a seguirem com muito mais atenção do que antes os custos de produção. Mas essa não é a única razão do desenvolvimento da técnica do preço de custo. De fato, se fosse a única, teríamos contabilidade de preços de custo muito mais desenvolvidas em países como a Grécia (onde particularmente a moeda se desvalorizou) ou a França (onde, apesar de tudo, se desvalorizou muito) do que nos Estados Unidos ou na Suíça, onde ela se manteve relativamente estável. Ora, isso é completamente inexato; pelo contrário, as contabilidades de preços de custo começaram a se desenvolver nos Estados Unidos, na Suíça, na Suécia, países cuja moeda é relativamente estável e em períodos em que estava muito estável.

O que, sobretudo, levou ao desenvolvimento dos métodos de cálculo do preço de custo *foi a intensidade crescente do progresso técnico*.

De fato, antes de 1900, existiam progressos técnicos, mas eles não engendravam transformações incessantes como nos dias atuais. A evolução era relativamente lenta e, por conseguinte, o preço de venda era fixado em relação aos preços habituais registrados pelas mercuriais*. O preço de venda era fixado sem se calcular o preço de custo, simplesmente por referência ao preço médio do mercado. Ainda hoje, isso acontece com muita freqüência na França, onde muitas empresas não calculam de forma alguma seu preço de custo ou o calculam mal. Ocorre o mesmo para os nove décimos do gênero humano.

Antes de 1914, na França, havia um preço clássico de mercado para todos os grandes produtos; sabia-se que 1 m de tecido de tal qualidade valia 30 F, por exemplo. Uma empresa trabalhava a um certo tempo numa área; ela sabia que podia vender a esse preço e vendia; e era somente *a conta de lucros e perdas* que, anualmente, lhe indicava se funcionara corretamente ou se tivera perdas. Apenas uma vez por ano consultava-se esse barômetro para ver se — estando de-

* Tarifa oficial dos gêneros vendidos no mercado. (N. T.)

terminado o preço objetivo do mercado (que era considerado, por assim dizer, como um elemento determinado independentemente da vontade do produtor e tendo um caráter objetivo) — a empresa podia continuar funcionando nessas condições ou se era preciso que as modificasse; se podia aumentar sua produção ou reduzi-la.

Portanto, o preço de venda era considerado como um fato que se impunha às empresas e em relação ao qual era preciso dar um jeito para funcionar. Esse preço variava tão pouco de um ano para outro, de uma década para outra, que se sabia com que contar; se trabalhara com lucro no ano precedente, havia muitas possibilidades de que também se trabalhasse com lucro nos anos seguintes, simplesmente utilizando os mesmos métodos e conservando as mesmas técnicas.

Ao passo que, a partir de um certo momento, o preço de venda variou com freqüência, deu saltos, registrou quedas, tornou-se muito instável e as pessoas já não puderam se contentar com uma referência anual na conta de lucros e perdas. O barômetro constituído pela conta de lucros e perdas tornou-se um *barômetro demasiado sumário*. De fato, nessa conta de lucros e perdas, entram receitas e lucros que emanam de um número muito grande de produções diferentes; numa empresa, não se fabrica, em geral, um só produto, fabricam-se dez, quinze, vinte. Tudo isso acabava fundindo-se numa única conta de lucros e perdas. Mas, a partir do início deste século, percebeu-se que se podia ganhar dinheiro com as cadeiras, por exemplo, e perder com as mesas, podia-se ganhar dinheiro com os abajures e perder com as lâmpadas.

A conta de lucros e perdas não era bastante especializada e, por outro lado, dava informações a demasiado longo prazo. A partir do momento em que já só havia um preço de mercado flutuante, evidenciou-se que era preciso saber com mais precisão o que cada um fazia em seu negócio. Conseqüentemente, a noção de preço de custo surgiu, pouco a pouco, da experiência individual dos produtores.

III. A síntese da noção de produção e da noção de preço de custo

Dos dois fatores que, pouco a pouco, nos deram consciência da noção de produtividade — a noção de produção e a de preço de custo —, o primeiro tem, antes, um caráter coletivo (ele ganha todo seu sentido a nível nacional), enquanto o segundo tem um caráter individual, a nível de produtor; pode-se dizer que é essa dupla ótica, coletiva e individual, que dá origem à idéia de produtividade. É uma síntese entre as duas noções; nós nos interessamos tanto pelo aspecto global quanto pelo individual.

O preço de custo obriga a medir a produção para cada um dos fatores que são necessários a essa produção. O preço de custo é o custo da unidade de produção. Isso já é uma noção de produtividade, uma vez que esta é uma produção por unidade de meios empregados. O preço de custo é a produtividade medida em relação à unidade monetária de despesa, em relação à unidade de despesa expressa em francos, em dólares: quanto se obtém de tal produto por unidade de despesa?

Foi assim que se introduziu, no espírito dos homens, essa idéia de que é interessante comparar a produção da unidade com os meios utilizados para obtê-la. A partir dessa idéia, pode-se relacionar a produção não apenas com a unidade de despesa mas com a unidade, por exemplo, de capital utilizado, com a unidade de solo utilizado na agricultura (o rendimento por hectare, num sentido muito amplo, é uma produtividade). Sabemos que agora reserva-se cada vez mais a palavra produtividade para uma noção particular, a da produção *por hora de trabalho*. Mas, num sentido amplo, a palavra produtividade aplica-se a toda produção reduzida à unidade de um dos fatores da produção. Por exemplo, pode-se medir a produtividade em relação aos investimentos, em relação aos juros pagos aos credores, em relação ao capital social, ou em relação à tal máquina que compramos, comparando a produção obtida sem a máquina com a produção conseguida com ela. Mas, da produtividade total do trabalho, pode-se dizer que é simplesmente o inverso do preço de custo real, ou seja, do preço de custo expresso em salário-hora; se R é o preço de custo expresso em francos correntes, S o salário-hora médio na mesma data e P a produtividade total líquida, temos:

R = Σ dos salários diretos e indiretos (trabalho integrado) necessários para chegar à unidade de produção.

$$P = \frac{1}{\Sigma \text{ tempos necessários para chegar à unidade de produção}}$$

daí $P = \frac{S}{R}$.

$\frac{R}{S}$ é o preço de custo real *r*; de modo que temos:

$$P = \frac{1}{r}$$

IV. A produtividade: causa ou efeito?

Não bastava descobrir a noção de produtividade, defini-la e calculá-la; ainda era preciso, sobretudo, atribuir-lhe um lugar na ciência e nas técnicas. Era preciso fazer dela um instrumento de trabalho. De fato, não é tanto de idéias novas que a humanidade necessita para progredir, mas de uma hierarquia entre as idéias que distingam o essencial do acessório.

Ora, os raros autores que trataram da produtividade antes de 1945 consideraram-na como um efeito e não como uma causa. Eles consideravam as diferenças de produtividade como conseqüências dos outros fatos econômicos e, conseqüentemente, como um fato entre muitos outros. Pensavam: "As condições econômicas são tais que um agricultor alimenta na França 5 pessoas e 15 nos Estados Unidos (esses eram dados de 1945); esse fato é exato, mas não tem interesse científico, pois nada mais podemos fazer do que constatá-lo."

Na realidade, o importante não é constatar as diferenças de produtividade de um país a outro ou de uma época a outra; é, em primeiro lugar, compreender as conseqüências econômicas e sociais dessas diferenças; em seguida, é ter o sentimento de que podemos encontrar as suas causas;

e que, desse modo, podemos agir sobre essa produtividade, que podemos fazê-la progredir; que podemos, por exemplo, comparar a situação francesa com a americana. A produtividade não deve ser considerada como um fato entre tantos outros, mas como *ponto de partida de uma ação*: a produtividade é *uma variável motriz*, sobre a qual o homem pode agir e pela qual poderá transformar o conjunto das condições econômicas de seu país.

Portanto, o espírito de produtividade é, acima de tudo, uma mentalidade que consiste em substituir o espírito de imitação pelo da pesquisa, o espírito crítico passivo pelo espírito crítico construtivo, o pensamento racional pela experiência concreta, a autoridade dos Antigos pela objetividade científica, chamem-se eles Karl Marx ou John Keynes.

O meio essencial de que dispõe o homem para aumentar a produtividade do trabalho e, em conseqüência, o bem-estar social é, portanto, em definitivo, a vontade de progresso.

Esses fatos são confirmados por todos os homens que construíram sua experiência na realidade da ação. "A produtividade é acima de tudo uma mentalidade. É a mentalidade do progresso, da melhora constante do que é. É a certeza de poder fazer hoje melhor do que ontem e menos que amanhã. É a vontade de não se contentar com a situação atual, por melhor que ela possa parecer e por melhor que seja na realidade. É a perpétua adaptação às novas condições da vida econômica e social; é o contínuo esforço para aplicar novas técnicas e novos métodos; é a fé no progresso humano."[1]

Roger Christa — que, sob a grande autoridade de Pierre Ricard, então vice-presidente do Sindicato dos Fundidores da França, fez das semanas de estudos de Fontaine-le-Port um sucesso cuja repercussão foi mundial — precisa assim as dificuldades que os franceses devem vencer e os meios para isso: "Aos fatores *concretos e positivos* da eficiência americana, a ótica francesa responde por fatores *abstratos*

1. Relatório geral do Grupo de Trabalho da Produtividade, Comissariado Geral do Plano, Paris. René Magron, Rostislaw Donn e Jean Dayre foram os relatores desse grupo de trabalho.

e *negativos*... (É preciso, portanto, em primeiro lugar) dar a todos os homens da empresa... uma formação geral que dê a cada um a *vontade* e lhe forneça o meio técnico — ou, melhor ainda, *a ferramenta intelectual* — para que ele mesmo melhore seus métodos de trabalho, recriando o espírito de equipe e o gosto pelo trabalho em comum... (O primeiro obstáculo ao progresso é) *a recusa que cada indivíduo opõe à mudança: a recusa das idéias que não são suas. Operários, engenheiros, patrões, numa palavra, o homem defende-se sempre contra qualquer idéia vinda do exterior.*"[2]

O outro estranho e poderoso obstáculo ao progresso é a impaciência dos homens e sua propensão ao desânimo: os benefícios a esperar da produtividade são a longo prazo e a maioria dos homens exige um resultado imediato. Eles esquecem depressa o passado e ignoram tudo sobre as condições que ainda são as de nosso mundo: a metade dos homens atualmente vivos come menos da metade das calorias necessárias para uma alimentação normal. A miséria milenar da humanidade começa ainda perto de nós e se estende até a China. A situação do Ocidente continua excepcional e, em conseqüência, precária: apenas o trabalho permite ao homem se elevar e se manter acima das penúrias periódicas e da vida vegetativa das massas do Oriente Próximo.

Não há resultado duradouro sem esforço duradouro. Não foram seis meses de esforços que baixaram o preço do trigo de 200 salários-hora (preço usual no mundo antes de 1800) para 3 salários, hoje, nos Estados Unidos; não é em seis meses que se pode baixar o preço de um rádio de 1.200 para 5 salários-hora: para isso, é preciso o esforço de todo um povo durante décadas, dos grandes cientistas aos ope-

---

2. Cf. "A operação produtividade na fundição", por Roger Christa, revista *Productivité*, maio de 1952. Christa teve a assistência de André Pons, engenheiro-conselheiro da A.F.A.P.

Essas semanas de formação — que reúnem num hotel tranqüilo no campo um pequeno número de homens experientes, patrões, engenheiros, operários, seja separadamente, seja juntos — foram introduzidas na França por um organizador-conselheiro de formação americana e com um espírito bem francês, K. B. White, que acolheu a cada ano, em Saint-Germain-en-Laye, entre sessenta e oitenta engenheiros de nossas grandes empresas.

rários, dos físicos aos mineiros. É preciso pelo menos um século de vontade ferrenha para que um povo passe da situação da China atual para algo próximo da França de hoje; e precisamos de pelo menos vinte anos de trabalho intenso para alcançar o nível de vida atual dos Estados Unidos. Não será nossa impaciência que reduzirá esse prazo.

A uma questão colocada por Michèle Clarence quando de uma pesquisa sobre o esforço para aumentar a produtividade empreendido numa grande fábrica parisiense, um delegado de pessoal resumiu assim sua opinião: "Só um aumento dos salários pode criar uma atmosfera favorável. Evidentemente, a bonificação aumentou em 9% (do salário) em 2 anos; já é uma pequena melhoria, mas por demais insuficiente em relação ao esforço feito pelo pessoal." Contudo, durante trinta mil anos, a humanidade fez esforços sem aumentar sua "bonificação". Conseguindo agora ganhar tão "pouco" quanto 1% por ano, ela muda a face de sua história.

CAPÍTULO V

Os métodos de aumento da produtividade

Os fatores essenciais para o aumento da produtividade são, portanto, a vontade de progresso, a imaginação criadora e o esforço experimental. Não há progresso sem esforço, sem dificuldade a vencer, sem obstáculos humanos e materiais. Mais ainda: o progresso nunca é gratuito; na maioria das vezes, ele obriga a renunciar a hábitos, a maneiras de viver e de pensar que eram agradáveis. Mas, se o homem é livre para preferir a imobilidade em vez do progresso, pelo menos deve saber que, em geral, é impossível obter, ao mesmo tempo, as vantagens da imobilidade e as do progresso.

Para chegarmos à mentalidade que uma população deve possuir — ou pelo menos sua elite —, para buscar o progresso econômico e social, precisamos examinar em que tipos de problemas práticos essa vontade de progresso deve-se revelar. Um exemplo precisará as idéias. Ele confirmará que, essencialmente, a produtividade não é nem um problema de investimento, nem um problema técnico, mas um problema complexo que utiliza essas faculdades humanas simples e complexas ao mesmo tempo, raras e comuns, ora geradoras de rotina e ora inovadoras, que designamos sob o nome de "bom senso".

Descasquem batatas — Esse exemplo é tirado das prendas domésticas, a fim de que o leitor médio possa ter uma imagem concreta. A história da lata de lixo, usada para recolher cascas de batatas, é um modesto exemplo de trabalho humano; modesto e nobre como qualquer trabalho; ele permite compreender o que são, na prática corrente, os problemas de produtividade; permite mostrar que progressos consideráveis são possíveis, mesmo na solução de problemas banais e milenares, que poderíamos acreditar estarem resolvidos da melhor maneira possível há centenas de séculos[1].

Uma dona-de-casa descasca batatas e deve pôr as cascas numa lata de lixo. A metade das mulheres ainda age da seguinte maneira, que exige quinze gestos diferentes: as cascas, tiradas das batatas, acumularam-se sobre a pia; é preciso jogar essas cascas na lata de lixo, que se encontra embaixo da pia num armário, que é fechado por uma porta, que por sua vez é fechada por um ferrolho. O número de gestos que se faz é o seguinte: 1. A dona-de-casa, que estava sentada ou em pé para descascar, se abaixa; 2. Abre o ferrolho com a mão; 3. Puxa a porta; 4. Puxa a lata de lixo; 5. Levanta a tampa; 6. Coloca-a no chão; 7. Levanta-se; 8. Pega as cascas com a mão; 9. Deixa-as cair; 10. Deixa a pia sem nada em cima (vários gestos muitas vezes são necessários); 11. Repõe a tampa na lata de lixo; 12. Empurra esta sob a pia; 13. Empurra a porta do armário; 14. Fecha o ferrolho; 15. Levanta-se.

Ora, existe um método que não é mais oneroso que o precedente do ponto de vista do equipamento — embora necessite de disposições diferentes — e que evita a totalidade desses gestos.

Como antes, a lata de lixo está embaixo da pia; apenas está encostada na porta do armário e tem uma tampa que se aciona por um pedal. Este tem uma dupla ação: ao mesmo tempo que levanta a tampa, abre a parte superior da porta do armário, a qual gira sobre dobradiças horizontais. A dona-de-casa pode ficar sentada. Ela pisa no pedal que, ao mesmo tempo, levanta a tampa da lata e faz cair a porta do armário, formando dessa forma um funil; ela descasca então suas batatas diretamente nesse funil. As cascas caem na lata de lixo pela força da gravidade. Os quinze gestos são inteiramente suprimidos e substituídos por uma simples pressão do pé.

Não pensamos em estudar aqui as técnicas apropriadas para aumentar a produtividade do trabalho. Seria pre-

1. Cf. na coleção "Que sais-je?" (nº 449) nosso pequeno livro *Histoire du confort*, onde damos numerosos exemplos das oposições entre a rotina e o progresso.

ciso revisar toda a ciência do engenheiro e do dirigente empresarial: a tecnologia, a contabilidade, a organização científica do trabalho, a ciência dos tempos e dos movimentos, o estudo dos mercados, a ciência do homem no trabalho, a orientação profissional e muitas outras disciplinas. Assinalaremos aqui apenas certos problemas que, no atual estado de coisas, parecem particularmente importantes.

Antes de produzir, é preciso refletir sobre o que se vai produzir; em seguida, coloca-se o problema da fabricação e, enfim, os da distribuição.

I. A previsão antes da ação

A previsão é um dos atributos essenciais da inteligência e do espírito científico. Prever — e prever tão longe quanto possível e nos pormenores — as modalidades práticas e as conseqüências da ação, tal é a regra mais essencial.

Escrevemos antes que, cada vez mais, no mundo moderno, é escrevendo e não cavando que produzimos batatas: aqui, escrever quer dizer refletir, prever e fixar antecipadamente um plano de ação.

À previsão a médio e curto prazo, deve se somar uma previsão a longo prazo: a pesquisa científica, as experiências, as análises, o estudo do mercado. Não há progresso sério num negócio, por menor que seja, sem idéias inovadoras. Estas nascem da reflexão desinteressada, da curiosidade, da imaginação livre de preocupação imediata. Um homem que não pode se libertar de suas preocupações cotidianas é necessariamente um homem estagnado. O chefe é aquele que delega a colaboradores escolhidos todas as decisões usuais e, assim, reserva para si o tempo para pensar no futuro. Nos grandes negócios, o presidente é assistido nessa tarefa essencial por um *brainstorm* que se mantém informado da evolução científica, política, econômica e social a nível do setor, da nação e do mundo inteiro.

1. *O desenho do produto* — Na indústria, o lançamento de um produto exige uma longa preparação no curso da qual engenheiros de oficina devem colaborar com os engenheiros da seção de estudos: é o problema do desenho ou da simplificação do produto. Pois não basta que um objeto es-

teja bem adaptado para seu uso, é preciso que seja tão fácil quanto possível fabricá-lo. O exemplo das tomadas permite que se compreenda bem a importância do problema. Com técnica igual, as tomadas de tipo europeu exigem cinco vezes mais tempo de fabricação do que as americanas: a razão disso é simplesmente que estas são lâminas sobre as quais solda-se o fio elétrico, enquanto as nossas, com freqüência, ainda são pinos sobre os quais o fio é preso por porcas e parafusos.

O desenho do produto é um problema próximo mas distinto do da estandardização. Todos os dois são de primeira importância; mas o da estandardização tende a se tornar clássico, enquanto o primeiro, em geral, ainda é mal compreendido[2].

2. *A resistência dos materiais* — A resistência dos materiais é a ciência das dimensões (espessuras, larguras, profundidades, seções) que são necessárias para que um produto não quebre ou não se desfaça com o uso, e para que não seja, contudo, demasiado espesso, pesado, desproporcional com o esforço que dele se exige. É inútil que uma passarela para pedestres possa suportar um peso de 100 toneladas, se só exigem dela que suporte 10 toneladas.

O problema da resistência dos materiais está ligado muito diretamente ao problema de desenho do produto. É a resistência dos materiais que nos informará qual é a margem de segurança necessária e suficiente. A humanidade descobriu esses problemas, em primeiro lugar, a respeito das pontes; depois, das abóbadas em geral; mas percebe-se, cada vez mais, que essa ciência também tem aplicações no que concerne aos objetos comuns da vida cotidiana, desde os móveis até o papel e as canetas.

II. A produção

Falta enumerar os fatores de produtividade na própria produção, isto é, uma vez que o desenho do produto foi

---

2. A fim de acelerar a conscientização sobre o problema pelos técnicos europeus, a Agência Européia de Produtividade da O.E.C.E. constituiu um Grupo de Trabalho da Simplificação do Produto.

determinado. Foi decidida — com razão ou sem ela (infelizmente, em geral, sem razão) — a fabricação de tal produto conforme tal desenho. Falta resolver um problema de execução: fixado o objetivo, como realizá-lo da melhor maneira?

Numa enumeração rápida, podemos dividir esses fatores da produtividade em dois grandes capítulos: os fatores humanos e os fatores técnicos.

1. *Os fatores humanos* — Os fatores humanos são, em primeiro lugar, todos os fatos referentes à mentalidade que — compreenderemos cada vez melhor — comandam todos os outros. O espírito de progresso, a idéia que o homem tem do progresso, o desejo que tem desse progresso, isso é o essencial.

A) As relações humanas.

Mas, de uma maneira mais precisa, é a ciência das relações hierárquicas, a ciência dos métodos de direção e de comando que assinalaremos aqui.

Ainda aqui o terreno está quase virgem; a humanidade mal descobriu esses problemas e só os resolve empiricamente, o que dá honrosos resultados com pessoas que têm intuição, inteligência, sensibilidade, mas resultados medíocres com a massa humana, que carece muito de intuição, objetividade, sensibilidade.

Graças a muitos pesquisadores, essas matérias começam a entrar no domínio científico. Começa-se a saber o que é preciso fazer para dirigir grandes massas de homens (infelizmente, nem sempre se utiliza esse conhecimento para o bem das massas); o que é preciso fazer para dirigir grupos menos importantes, para dirigir pequenas e médias fábricas; o que deve fazer o engenheiro e o contramestre para terem uma equipe que funcione, para que seus homens fiquem contentes com ele, sigam-no de bom grado, obedeçam-lhe sem dificuldade? Não basta que seja um bom técnico, é preciso que seja um homem bom, sensível às necessidades de seu companheiros e que tenha caráter. No que consistem exatamente essas qualidades? Como são adquiridas? Aí está o que se começa a aprender nas escolas, senão na França, pelo menos em certos países. A ciência do equilíbrio humano no trabalho e nas relações sociais aproxima-se do problema da felicidade humana... Não quero dizer que o problema da felicidade humana reduz-se a problemas técnicos. Mas há "gafes que não se devem cometer", erros que as pessoas fazem simplesmente por ignorância e que um estudo objetivo permite evitar. Portanto, a ciência das relações humanas não é uma ciência que permita facilmente chegar à euforia social, mas, pelo menos, uma ciência que evita os erros mais grosseiros.

Ora, a experiência mostra que esses erros são numerosos. Todos têm, mais ou menos, por origem o esquecimento ou, com mais razão, o desprezo de um homem pela personalidade de outro. De modo que a idéia dominante da nova ciência das relações humanas é, ou deve ser, a consciência e o respeito pelo homem; o esforço para compreender seu pensamento, suas necessidades, suas aspirações, sua concepção do mundo, sua boa fé.

B) Os conhecimentos científicos e técnicos.

Não basta, evidentemente, que as relações humanas sejam boas, não basta que o trabalho de equipe seja feito com facilidade, não basta que as pessoas tenham confiança umas nas outras; ainda é preciso que tenham conhecimentos técnicos, que conheçam seu ofício e que saibam como resolver os problemas profissionais.

O valor profissional dos homens depende do tempo que permaneceram na escola e também do que fizeram quando estavam nela. O problema é, evidentemente, muito difícil; parece muito difícil fazer uma síntese harmoniosa entre os conhecimentos gerais e técnicos. Ora, não há dúvida: se se tem uma população demasiadamente "técnica", isso se verá com o tempo em sua produção, porque lhe faltará idéias gerais, idéias de síntese etc.; faltar-lhe-á verdadeiro fermento de progresso científico, única fonte do progresso técnico. Mas, inversamente, se se tem uma população que só conhece os clássicos gregos e latinos, o enterro do conde de Orgaz e do Barbeiro de Sevilha, e que não tem qualquer formação na área da engenharia ou do técnico, a economia da nação também sofrerá muito com isso, pois o encanto "dos grandes bois ruminantes que voltam à tarde" está ligado ao do quintal de trigo de 200 salários-hora.

C) O clima social

Enfim, o terceiro aspecto desses fatores humanos, tão importante quanto os precedentes, é o do clima social. Pois as relações humanas na empresa muitas vezes vão de encontro a incompreensões ou a animosidades que nascem fora da fábrica.

O clima interno da fábrica não pode ser perfeito; não pode sequer ser conveniente, se o país vive em estado de luta de classes, se uma animosidade política separa os homens em clãs ou em grupos isolados e rancorosos. O problema do clima social é, de um lado, um problema de nível de vida, de poder de compra e de estabilidade no emprego; em particular, a inquietação que muitos trabalhadores têm quanto a seu futuro, quanto ao que acontecerá no caso de uma crise econômica ou se sua oficina for mecanizada; esse medo do desemprego é um problema muito grave. Ele só pode ser eliminado a nível nacional e por medidas nacionais. O trabalhador eliminado de uma oficina pela modernização das técnicas de produção não pode esperar que o longo ciclo da evolução econômica desenvolva a demanda do terciário. É de forma imediata que deve encontrar um outro emprego, numa profissão e, se possível, num lugar onde não se sinta desajustado. Sabe-se que dispomos agora na França de um sistema de seguro contra o desemprego.

A verdadeira chave para a compreensão do clima social é o conhecimento por todos os membros da coletividade das condições reais do progresso econômico e social.

2. *O equipamento* — Não será ao autor deste livro que se poderá acusar de minimizar a importância do equipamento. Em *L'économie française dans le monde* mostrei que o número de equipamentos mecânicos por trabalhador explica, em grande parte, as diferenças consideráveis de produtividade existentes entre as nações. Ora, o uso da energia mecânica depende, antes de tudo, do equipamento nacional: usinas hidrelétricas, minerações, altos-fornos, transportes, fábricas e máquinas de todo tipo. Uma nação que não é capaz de investir interdita irremediavelmente o progresso: "Modernização ou decadência", disseram Jean Monnet e, depois, em 1984, François Mitterrand.

Mas, com igual equipamento, são possíveis ganhos importantes de produtividade. As máquinas são quase sempre mal utilizadas; uma máquina moderna de alto rendimento, colocada numa série entre duas máquinas vetustas, fica paralisada; outras também ficam por um serviço inábil ou por uma utilização fora de sua especialidade. Uma notável pesquisa da Direção dos Preços do Ministério da Economia Nacional revelou que, em vários setores da indústria francesa, não havia insuficiência de equipamento, mas superabundância; essa pesquisa levanta o problema fundamental do *desemprego das máquinas*.

As máquinas modernas são construídas para trabalhar de maneira absolutamente contínua durante vários *anos*. Elas são concebidas para trabalhar *oito mil setecentas e sessenta horas por ano* sem outra interrupção que os poucos minutos exigidos, de vez em quando, para a lubrificação e o controle. Ora, em muitas fábricas francesas, as máquinas só trabalham menos de oito horas por dia e, ainda por cima, cinco dias na semana: *menos de duas mil horas por ano, em vez de mais de oito mil e quinhentas*. Assim "estão desempregados" nossos "escravos" mecânicos. A pesquisa da Direção dos Preços mostra o quanto esse estado de coisas infla os preços de custo e, em conseqüência, os preços de venda de certos produtos. O desemprego das máquinas explica por que, em muitos ramos da indústria, as mesmas máquinas utilizadas de um lado a outro do Atlântico alcançam resultados tão diferentes para o consumidor: não é raro que, com equipamento idêntico, os preços de custo variem um para três.

Um outro aspecto importante do problema do equipamento é o das *pequenas ferramentas* manuais. Com freqüência, pequenos instrumentos elétricos (exemplo, chave de fenda) aceleram o trabalho e, sobretudo, diminuem a fadiga nervosa do operário.

3. *A organização científica do trabalho* — Essa ciência progrediu muito desde Taylor e Stakhanov. Ela considera cada vez mais o indivíduo, a *personalidade* humana no trabalhador há pouco anônimo. Lembra que a produção é feita para o homem e não este para a produção. A produtividade é medida pelo esforço humano constante ou decrescente, e nunca pelo esforço crescente.

A organização científica do trabalho é agora uma ciência complexa e muito vasta[3]. Seus princípios norteadores

3. O primeiro curso de organização científica do trabalho no ensino superior francês foi criado em 1928, no Conservatório Nacional de Artes

são a identificação sistemática das produções, das operações, dos gestos e dos procedimentos inúteis; a utilização máxima dos processos repetitivos, utilizando determinismos físicos; o agrupamento sistemático desses processos idênticos para beneficiar-se das vantagens da *grande série*. Os determinismos levam assim à especialização, a especialização à série, a série à máquina e a máquina à produção de massa.

Mas essa pesquisa dos determinismos é apenas uma parte da organização científica do trabalho, que deve se dedicar, cada vez mais, à melhoria das condições do trabalho em todas as áreas que dificilmente se prestam à especialização: cada vez mais, essa ciência interessa-se, portanto, pelo setor terciário e pelos resíduos terciários do setor secundário. Ela encontra ali a complexidade da vida[4].

Entre os inumeráveis problemas que a ciência moderna da organização do trabalho começa a abordar, parece necessário assinalar aqui o dos controles durante a fabricação e o dos controles de matérias-primas. O *planning* de uma produção destina-se a assegurar um fluxo de fabricação absolutamente contínuo, sem interrupção, sem hiato, sem incidente, durante dias, meses ou mesmo anos. A continuidade desse fluxo é um dos fatores principais da diminuição dos preços de custo. Mas essa continuidade exige, evidentemente, uma qualidade mínima constante das matérias-primas empregadas.

O controle durante a fabricação tem por objetivo evitar a continuidade do trabalho sobre uma peça desde que ela tenha uma imperfeição que tornará defeituoso o produto final. O problema consiste em não perder nessa verificação um tempo superior àquele economizado pela constatação do erro. Essa é uma preocupação muito conhecida por nossos jovens alunos de matemática. O controle durante a fabricação tornou-se uma ciência, baseada no cálculo das probabilidades, e já faz com que a humanidade ganhe milhões de horas de trabalho por ano.

---

e Ofícios, por Louis Danty-Lafrance, que também foi diretor da Escola Nacional de Organização Científica do Comitê Nacional da Organização Francesa, e foi por muitos anos professor na Escola Central.

4. Cf., particularmente, Georges Friedmann, *Où va le travail humain*? (1952) e *Le travail en miettes* (1956); na coleção "Que sais-je?", *L'organisation scientifique du travail*, J. P. Palewski.

Os diversos problemas descritos sumariamente acima mostram que muitos dos esforços necessários para aumentar a produtividade do trabalho ultrapassam a empresa; uns se colocam a nível profissional, por exemplo a qualidade padrão das matérias-primas; outros, a nível nacional, por exemplo a normalização, o clima social, o ensino técnico etc. Foram esses problemas que tornaram necessária a formação do Comitê Nacional da Produtividade, do qual falaremos no próximo capítulo.

Mas não é menos verdade que é a nível da empresa que podem ser obtidos os resultados mais imediatos, senão os mais importantes. Numa mesma nação — e, com freqüência, numa mesma região e numa mesma cidade — observam-se produtividades que variam de um para dois e, às vezes, para três ou para cinco de uma empresa francesa para outra empresa francesa. As diferenças de oficina para oficina e de operação para operação são mais marcadas ainda: todas essas disparidades mostram a importância do progresso que é possível realizar em cada empresa.

Os dirigentes de empresa e os engenheiros têm sempre alguma dificuldade em admitir a existência de diferenças tão fortes, mas a partir do momento em que têm a prova disso através dos cálculos por eles mesmos efetuados a via do progresso se abre para eles. É inútil acrescentar que as empresas que, de início, se mantêm afastadas de tal movimento de emulação cooperativa rapidamente se encontram numa grave situação; ignorando os progressos realizados alhures, abandonadas a suas próprias forças — que, em geral, são medíocres (pois não são os patrões mais inteligentes que adotam tal atitude) —, elas são as primeiras vítimas das crises e das quedas de venda[5].

5. Sobre todas essas questões, os técnicos se beneficiarão dirigindo-se à brochura *Productivité d'une nation, productivité d'une industrie*, publicada pela A.F.A.P., 11, rua Faubourg-Saint-Honoré, na coleção "Études et mesures de la productivité", editada pelo Centro de Estudos e Medidas da Produtividade.

CAPÍTULO VI

A ação para aumento da produtividade

Em 1946, na França, um grande número de pessoas já tinha consciência do problema da produtividade, nem que fosse apenas sob sua forma primária de preço de custo. Mas essa conscientização permanecia individual e esporádica. Foi por ocasião da elaboração do primeiro plano de equipamento e de modernização da França que Jean Monnet levou pela primeira vez o problema ao governo, ao Parlamento e à opinião pública[1]. Dois anos mais tarde, a missão na França desse grande técnico e verdadeiro cidadão do mundo que é James Silbermann convenceu a maioria dos homens responsáveis pelos grandes setores da economia francesa da importância do problema. Em conseqüência do relatório redigido por Silbermann, o governo dos Estados Unidos instituiu a *Assistência Técnica*, que permitiu a todas as nações européias enviarem aos Estados Unidos as *missões profissionais de pesquisa*, compostas simultaneamente por patrões, engenheiros e operários, e destinadas a estudar os meios e as conseqüências da alta produtividade americana. Fato sem precedentes na história do mundo e impensável no clima do "capitalismo 1900", industriais abriam para concorrentes a porta de suas oficinas. Mais de 4.000 franceses atravessaram então o Oceano e fizeram estágios nos Estados Unidos, variando de quatro semanas a nove meses.

Em junho de 1950, o Comissariado do Plano passou suas atribuições em matéria de produtividade para o Secretariado de Estado dos Negócios Econômicos; o *Comitê Nacional da Produtividade* foi criado e seu secretariado geral

1. O problema foi sucessivamente estudado por uma subcomissão da *Comissão de Modernização da Mão-de-Obra* e pelo *Grupo de Trabalho da Produtividade*, que foi presidido pelo autor deste livro. Pouco depois, Lacoste criou no Ministério da Produção Industrial uma *Comissão dos Estágios*, coordenada por Fr. Chapel.

confiado a Pierre Grimanelli, diretor de programas no Secretariado de Estado dos Negócios Econômicos. Pierre Bize, que já havia sido um dos artífices dos trabalhos anteriores, foi seu secretário geral adjunto. Ao mesmo tempo, surgiu a *Associação Francesa para o Aumento da Produtividade*, associação privada, que é, de certo modo, o órgão de execução e de ação. Em 1959, os serviços governamentais encarregados de acompanhar as questões de produtividade foram novamente confiados ao *Comissariado Geral do Plano*. As comissões consultativas reúnem representantes de todas as instituições que têm um papel na economia francesa; compreendem, portanto, representantes do C.N.P.F., dos sindicatos dos trabalhadores, dos principais órgão ministeriais e alguns economistas e especialistas. O trabalho realizado não é negligenciável: patrões, operários e funcionários põem-se de acordo sobre vários grandes problemas: relações humanas na empresa, desemprego tecnológico, problema da distribuição, formação de quadros, sistema de remuneração, fiscalidade... a A.F.A.P. organizou milhares de missões, preparou cada estagiário por um "pré-estágio" de uma semana; ela mandou editar e difundir cerca de 100 relatórios de missão. Organizou várias jornadas de estudo e de informação. Respondeu a milhares de questões escritas. A A.F.A.P. foi dissolvida em 1968, após ter aberto o caminho para numerosas instituições. O Centro de Estudos e de Medições da Produtividade realiza esses trabalhos dos quais falamos anteriormente e que são *benéficos sinais de alarme*[2].

Desde 1949, o Conselho Nacional do Patronato Francês pôs a produtividade na ordem do dia e criou uma Comissão da Produtividade, presidida por Norguet. A indústria da construção elétrica teve a honra e a responsabilidade de constituir a primeira missão de pesquisa nos Estados Unidos. Foi um êxito completo. Ficou provado que homens de categorias muito diferentes na hierarquia das empresas podiam se *fazer progredir mutuamente no conhecimento de seu ofício*: espírito de equipe já comum nos Estados Uni-

2. Relatórios anuais dão um panorama geral da organização. O Comitê Nacional da Produtividade foi por muito tempo presidido por Robert Buron.

dos, e que acontecimentos permitem esperar por sua generalização na França ao longo dos próximos dez anos.

De fato, esse êxito foi acompanhado de muitos outros: têxteis, calçados, conservas de carne, roupas, máquinas-ferramenta, obras públicas, agricultura, seguros etc. Um dos mais belos foi o da fundição. O presidente do Centro Técnico da Fundição, Ricard, não aguardara as missões aos Estados Unidos para promover progressos técnicos consideráveis. Por mais extraordinário que possa parecer, os aquecedores construídos desde 1948 na França consomem, para um aquecimento igual, três vezes menos carvão do que em 1938. Roger Christa soube dar uma repercussão mundial aos ciclos de estudo de Fontaine-le-Port e à ação que as acompanhou.

Mas é claro que ações tão inovadoras não podem alcançar de imediato a unanimidade. De fato, elas implicam contatos humanos de alto a baixo da hierarquia e o exame público do valor dos velhos métodos e dos velhos princípios. Aceitar essas vivificantes provas está acima das possibilidades de certos espíritos. De fato, ocorre ainda, freqüentemente, na França, que homens cheguem a altos empregos mais pelo *direito de propriedade* do que pelo *direito conferido pelo valor e pelo serviço prestado*. Aqueles que só têm apenas o direito de propriedade esquivam-se diante da prova e condenam-se assim a perecer, seja de sua própria esclerose, seja da de sua empresa. Mas essas deficiências de uma fração ainda numerosa — embora minoritária e propriamente moribunda — de nossas classes dirigentes retardam a marcha da nação na via do progresso econômico.

Em 1968, o governo reorganizou os serviços de produtividade; ele provocou a dissolução da A.F.A.P., e criou o *Centro Nacional de Informação para a Produtividade das Empresas* (C.N.I.P.E.).

Os esforços coletivos para o aumento da produtividade não se limitam de modo algum à França. A *Organização Econômica para Cooperação Européia* (O.E.C.E.) — hoje chamada de O.C.D.E., quer dizer, Organização para Cooperação e Desenvolvimento Econômico — instituiu em 1949 um *Comitê de Questões Científicas e Técnicas* que organizou um sistema prático de trocas de documentos[3] e uma série de pesquisas em comum ditas cooperativas (por exemplo: transporte do gás a grande distância, oxigenação subterrânea da hulha, baixos fornos etc.).

Atualmente, todas as grandes nações e muitas das pequenas criaram *Centros Nacionais de Produtividade*, seja segundo uma fórmula próxima da França, seja de uma maneira menos centralizada, como o fez a Grã-Bretanha.

Durante uma dúzia de anos, a O.E.C.E. instituiu, para orientar e coordenar as nações européias, uma *Agência Européia de Produtividade*, cujo diretor foi, primeiro, um alemão, Harten, depois um francês, Grégoire. A agência reúne os principais técnicos dos 16 países europeus, do Canadá e dos Estados Unidos, e assim compartilha os resultados de experiências múltiplas; os êxitos de uns servem como estímulo para os outros e os fracassos servem como lição. Hoje, as atribuições da Agência estão com o Comitê das Questões Científicas e Técnicas da O.C.D.E.

Como assinalamos na introdução deste livro, a U.R.S.S., desde 1939, deu ênfase à necessidade de aumentar a produtividade de sua economia; os planos qüinqüenais e grandes movimentos como o stakhanovismo perseguem esse objetivo.

Nas democracias populares, não passa uma semana sem que um discurso de ministro ou um artigo de jornal importante não lembre mais ou menos diretamente o texto de Lenin que a Srta. Rabier lembra: "A produtividade do trabalho é, em última análise, o que há de mais importante e de essencial para a vitória da nova ordem social."[4]

Enfim, a ação para a conscientização e para o aumen-

---

3. Na França, o serviço é assegurado pelo Centro de Documentação do Centro Nacional da Pesquisa Científica. Além disso, o C.N.I.P.E. administra um serviço de informações internacionais por perguntas e respostas conhecido como "s. v. p.".

4. Cf. o artigo de G. Rabier e o de Guy Stors, "As estruturas da planificação na Hungria" (revista *Problèmes de planification*, 1951, nº 1, p. 136). Resulta desses artigos que o salário por produção é um elemento importante da ação soviética para o aumento da produtividade; desde 1939, 72,5% dos operários da indústria pesada eram pagos por produção na U.R.S.S. e essa proporção aumentou ainda mais de 1939 a 1949. Sabe-se, ao contrário, que o salário por produção é pouco difundido nos Estados Unidos, onde os sindicatos operários, em geral, são hostis a esse mo-

to da produtividade precisou-se na América Latina, em particular sob a égide da Pan-American Union; as nações muçulmanas e hindus começam a se preocupar com isso. A assistência técnica das Nações Unidas esforça-se em ajudálas. Portanto, o movimento para o aumento da produtividade é verdadeiramente um movimento mundial.

---

do de remuneração que, dizem eles, impele o operário a um ritmo "infernal".

Da mesma forma, na Europa Ocidental, buscam-se formas de interessar os operários pela produtividade global da oficina ou da fábrica, mas fora os salários por produção (cf. relatório da Comissão da Cooperação do Pessoal, conhecido como relatório Migeon).

Stors cita os nomes de três torneiros mecânicos da fábrica de vagões de Cyör (Hungria) que, aplicando os métodos que lhes ensinara um operário soviético, alcançaram, em 1950, no dia do aniversário de Stalin, produções respectivamente iguais a 41, 43 e 36 vezes a norma, e obtiveram assim salários mensais de 7.000 a 10.000 florins (o salário normal dos trabalhadores braçais é da ordem de 400 florins e o dos operários especializados da ordem de 1.500 (florins por mês).

A doutrina dos comunistas não stalinistas não difere, nesse aspecto, da dos stalinistas. Em seu discurso célebre de 20 de outubro de 1956, Gomulka disse esta frase notória: "Quando colocamos dois homens para executar uma tarefa que poderia ser feita por um só, é como se pusésemos duas pessoas diante de um único jantar."

Conclusão

Chamei meu livro principal de *Le grand espoir du XX*[e] *siècle*. O que se deve pensar exatamente dessa fórmula? De que maneira a produtividade é a grande esperança do século XX? Acredito que, em grande medida, esse título se justifica porque o progresso econômico corresponde aos desejos confusos das grandes massas humanas na época atual. Em primeiro lugar, os países progressistas têm uma fé viva e profunda no progresso técnico e podemos dizer, por exemplo, que a coesão da nação americana repousa, em grande parte, em sua fé coletiva no progresso técnico.

Menos clara, menos consciente, mas ainda mais potente é a fé que as massas dos povos atrasados — China, Sibéria e mesmo Índia — começam a ter na noção de progresso técnico, sentimento tanto mais forte quanto mais confuso. Pois as forças que orientam as sociedades são sobretudo as forças inconscientes. Quando torna-se consciente, o homem é capaz de discuti-las, de modificá-las, de dominá-las. Ao contrário, quando o sentimento é obscuro, o movimento é irresistível.

Basta falar de planos qüinqüenais, de obras coletivas, de hidrelétricas, de valorização de territórios, para entusiasmar os auditórios populares. Assim, pode-se dizer que, atualmente, a grande maioria da humanidade deposita no progresso técnico sua esperança, sem mesmo ver sempre, de maneira clara, como o econômico está ligado com o técnico e o social com o econômico; em todo caso, sem ver as servidões freqüentemente duras que são a contrapartida desses progressos técnicos.

É nisso que a produtividade é a grande esperança do século XX. Mas é preciso acrescentar que o progresso técnico descortina um mundo há pouco fechado. Desde 1900, o homem vivia com essa idéia de que o mundo estava inteiramente inventariado, expressa na célebre frase de Paul Valéry: "O tempo do mundo acabado começa"; a humanidade reconhecera sua prisão e pensava que deveria viver milhares de anos neste pequeno planeta. Ora, o progresso técnico é uma quarta dimensão. Ele vai permitir, ao longo do século que desponta diante de nós, uma aventura apaixonante e difícil de ser comparada com a descoberta da terra propriamente dita. Temos o *universo* diante de nós; temos o meio de transformar a menor pedrinha em energia motora. Apresenta-se diante da humanidade uma nova era, uma sucessão indefinida de trabalho e de descoberta: na realidade, *é o tempo do mundo aberto que começa.*

No entanto, esse progresso, de natureza essencialmente técnica, não traz automaticamente nem o progresso intelectual, nem o progresso moral. Não traz nem a felicidade, nem a sabedoria. Traz apenas o progresso econômico e, portanto, algo de bem definido, de bem parcial em relação ao que é o equilíbrio humano. O progresso técnico não pode ser um fim; ele é somente um meio.

Um meio para fazer o quê? Acredito que a única resposta possível é a seguinte: a técnica é um meio de favorecer o que, no homem, é o mais essencialmente humano. Ela é o meio de nos livrarmos de tudo o que é material, tudo o que é mecânico, tudo o que é automático e participa, em certa medida, das formas mais inferiores da vida. Por que fazer isso? Para nos permitir desenvolver as formas mais superiores. A técnica, a máquina obrigam a identificar o que é próprio do homem; a perceber, aos poucos, que as atividades humanas compreendiam, até o presente, uma série de procedimentos servis, que cada vez mais podemos descarregar sobre a máquina.

Mas subsiste sempre um amplo espaço entre a atividade humana e a atividade técnica, um resíduo que a máquina não pode realizar e do qual, portanto, o homem se encarrega; é para esse resíduo que deve se voltar o esforço humano. Haverá um progresso concomitante do homem e da máquina. O esforço humano deve sempre voltar-se para o que sobra para o homem depois que a máquina fez o que podia. E é esse progresso indefinido que caracteriza o homem no mundo sensível, distingue o homem da matéria inanimada e dos outros seres vivos.

Em outros termos, o progresso técnico obriga o homem a se especializar no humano.

Vejo aí um problema que tem relação com o relato de Marta e Maria no Evangelho. A máquina é Marta; não há dúvida, a melhor parte não é a de Marta.

ANEXO

Informações sobre a evolução recente da produtividade e dos preços reais

1. Evolução da produtividade aparente do trabalho para os principais países desenvolvidos

(em % por ano)

	Produto interno bruto mercantil por pessoa ocupada[1]		*Indústria fora indústria da construção e obras públicas — valor agregado por hora trabalhada*[2]	
	1960-1973	*1973-1983*	*1960-1973*	*1973-1984*
Estados Unidos	2,1	0,6	3,0	2,0
Japão	8,4	2,8	10,7	7,3
Alemanha Federal	4,2	2,4	5,9	3,3
França	4,9	2,2	6,7	4,6
Reino Unido ..	2,8	1,6	4,4	2,3
Itália	5,7	1,2	6,9	3,7

1. Fonte: *Balanço econômico anual 1984-1985 da C.E.E.*, novembro de 1984.

2. Fonte: *Bureau of labor statistics* (*News* do dia 10 de junho de 1985). Dados selecionados por J.-P. Courthéoux.

Apesar da importância do assunto, a produtividade foi objeto de poucas medições no período recente, mesmo nos países que têm instituições estatísticas poderosas. Além disso, limitaram-se a cálculos de "produtividade aparente", baseados, de um lado, na relação de índices de produção e, de outro, de emprego, que são apenas muito aproximativamente adequados entre si; de forma que os números publicados só podem deixar transparecer tendências aproximativas.

Se nos aprofundamos em tais estatísticas, as irregularidades dos cálculos saltam aos olhos, os efeitos de imbricação de um ano a outro aparecem claramente e os números só podem ser tomados por aquilo que são: grosseiras imagens da realidade.

Por exemplo, os *Tableaux de l'Economie française*, compêndio excelente publicado pelo I.N.S.E.E., fornece os números anuais (ed. 1988, p. 97) para a produtividade horária aparente do trabalho na França, de 1980 a 1987. Esses números exibem fortes variações de um ano para o outro, o que impede de tomá-los ao pé da letra num estudo global. Contudo, aparecem tendências gerais, certamente válidas, que são as seguintes.

A média anual de crescimento para o período 1970-1974 é de 5% por ano; a mesma média baixou para 2,8% para o período 1980-1987.

Essa queda confirma as tendências assinaladas pelo quadro precedente. Uma desaceleração muito forte do crescimento da produtividade marcou os anos recentes em relação aos "trinta gloriosos".

Numerosos economistas constataram e comentaram essa queda. Entre eles, Jean-Paul Courthéoux fez análises pertinentes, principalmente na *Encyclopedia Universalis*.

A principal causa visível para a diminuição do crescimento da produtividade é, evidentemente, a queda geral da produção, que foi concomitante aos "choques do petróleo". Mas, de maneira insidiosa e profunda, são as reviravoltas econômicas, técnicas e políticas que estão na base de "reciclagens", estas estão longe de serem fáceis e estarem acabadas. Essas reciclagens tornaram-se necessárias pela própria velocidade do progresso técnico realizado e pela ascensão de novas nações ao poderio econômico.

Segue-se uma corrida indefinida para a "modernização" dos meios de produção, para a criação de novos produtos, para a informatização dos processos etc.; uma verdadeira guerra econômica que, sem cessar, põe em questão as *correntes* de troca e o aparato industrial das velhas nações.

A solução para esses desafios ilimitados implica necessariamente níveis muito altos de depreciação das instalações antigas e níveis muito altos de novos investimentos. Ora, em todo Ocidente, esse esforço necessário foi insuficiente.

Na França, em particular, os governantes — em parte enganados pela contabilidade nacional que considerou investimento bruto, em vez de computá-lo como líquido (e em particular os meios de produção prescritos pelas novas invenções) — mantiveram o nível de vida da nação acima de suas possibilidades verdadeiras de produção. Em vez do forte crescimento do investimento inovador necessário, resultou daí uma forte *diminuição* desse investimento.

Apesar da *austeridade* e do *rigor*, das medidas muito tímidas e demasiadamente tardias e de fatores favoráveis — como a retomada do desenvolvimento nos Estados Unidos e a queda do preço do petróleo em 1986 —, a retomada do progresso será lenta e árdua.

O fator mais favorável é que, agora, os franceses e seus governantes compreenderam bem as causas do problema e que o investimento das empresas tornou-se o objetivo principal da economia.

2. A produtividade bruta do trabalho agrícola na França
(expressa em número de pessoas alimentadas por ano de trabalho agrícola)

	Número de pessoas alimentadas (milhões)	*Número de trabalhadores agrícolas (milhões)*	*Número de pessoas alimentadas para 10 trabalhadores*
Cerca de 1700	19	11	17
Cerca de 1800	27,5	13	21
1872-1880	37	13	28
1931	41,8	7,6	55
1946	40,5	7,4	55
1975	52,7	2,0	260
1978	53,3	1,9	280
1985	55	1,8	305

Ao longo do período 1971-1975, a produtividade bruta do trabalho agrícola americano foi de 750 pessoas alimentadas para 10 trabalhadores; a do trabalho agrícola russo foi de 55 a 60.

Observem que, antes de 1900, o setor agrícola tinha seus próprios animais de tração e seu próprio adubo, enquanto hoje "importa" enormes quantidades de energia mecânica, de adubos e de máquinas.

3. O preço real dos alimentos na França

O fantástico aumento da produtividade do trabalho agrícola, medida no § 3 acima, engendrou uma não menos fantástica queda dos preços reais dos produtos agrícolas, aliás variáveis — isso se compreende — conforme o produto (ver cap. II deste livro).

Os preços de varejo, dessa forma, puderam baixar, mas menos do que os preços de atacado, em conseqüência do caráter "terciário" da distribuição, do comércio e do artesanato. É assim que, do século XVIII aos nossos dias, o quintal de trigo baixou de 200 salários-hora o quintal para 4 salários-hora, ao passo que o quilo de pão só baixou de 2,2 salários-hora para 0,2.

Aí estão os preços de varejo de alguns produtos alimentícios.

Preços reais de alguns produtos alimentícios na França
(em quilograma)

	1875	*1914*	*1960*	*1985*
Perna de carneiro	10	9	5,3	2,4
Pão comum (pesado)	1,6	1,3	0,3	0,2
Ovos	4,9	4,3	1,8	0,4
Vinhos	2,7	1,4	0,8	0,2
Manteiga	12	11,0	3,8	1,0
Açúcar	7	2,2	0,5	0,2

Fontes: para os salários, quadro 4, p. 36 deste livro; para os preços correntes, anuários e boletins do I.N.S.E.F.

IMPRESSÃO E ACABAMENTO:
gráfica brasiliana